务农第三十

贞观二年，太宗谓侍臣曰：『凡事皆须务本。国以人为本，人以衣食为本，凡营衣食，以不失时为本。夫不失时者，在人君简静①乃可致耳。若兵戈屡动，土木不息，而欲不夺农时，其可得乎？』王珪曰：『昔秦皇、汉武，外则穷极兵戈，内则崇侈宫室，人力既竭，祸难遂兴。彼岂不欲安人乎？失所以安人之道也。亡隋之辙，殷鉴不远，陛下亲承其弊，知所以易之。然在初则易，终之实难。伏愿慎终如始，方尽其美。』太宗曰：『公言是也。夫安人宁国，惟在于君。君无为则人乐，君多欲则人苦。朕所以抑情损欲，克己自励耳。』

 ①简静：简约清静，指施政不繁苛。

译文 贞观二年（628年），唐太宗对身边侍从的大臣说：『任何事情都要抓住根本。国家以人民为根本，人民以衣食为根本，凡是经营衣食的活动，以不失生产的时机为根本。不失生产的时机，对于君主来说简约清静才能够达到。如果经常发动战争，不断进行建造，而想不侵夺农时，能够达到吗？』王珪说：『当初秦始皇、汉武帝，对外则穷兵黩武，对内则崇尚奢侈营建宫室，人力已经用尽，祸乱灾难随之兴起。他们难道不想使人民安定吗？只是失去了使人民安定之道。刚刚灭亡的隋朝的教训，离我们不远就在眼前，陛下亲自体会过其中的弊端，知道为什么要改变，然而开始时容易做到，坚持到底的确困难。希望陛下自始至终小心谨慎，才能成就您这个美好的想法。』唐太宗说：『你说得对。使人民安定国家安宁，只在于君主。君主无为人民就安乐，君主欲望多人民就痛苦。我因此而抑制情感减少欲望，克制自己并自我告诫啊。』

评点 《淮南子·主术训》中就曾经提出『食者，民之本也；民者，国之本也；国者，君之本也』的命题。唐太宗的这一论述，是对前人思想的继承和发挥，同时也是他的民本思想的基础。

贞观二年，京师旱，蝗虫大起。太宗入苑视禾，见蝗虫，掇①数枚而咒曰：『人以谷为命，而汝食之，是害于百姓。百姓有过，在予一人，尔其有灵，但当蚀我心，无害百姓。』将吞之，左右遽谏曰：『恐成疾，不可。』太宗曰：『所冀移灾朕躬，何疾之避？』遂吞之。自是蝗不复为灾。

 ①掇：拾取。

译文 贞观二年（628年），京城发生旱情，蝗虫泛滥成灾。唐太宗到园林中察看庄稼，看到蝗虫，捡起了几只咒骂道：『人用谷物来维持生命，而你们却将其吃掉，这是祸害老百姓。老百姓有过错，由我一个人承担，你如果有灵性，只应当吞噬我的心，不要残害百姓。』打算把这几只蝗虫吞下去，身边的人马上劝谏说：『吃了恐怕会生病，不能吃。』唐太宗说：『我所期望的是把灾难转移到我身上，还怕什么得病？』于是吞了它们。从此蝗虫不再成灾。

 这则记载明显有夸张的成分，但也体现出唐太宗对农业生产的重视。

贞观五年，有司上书言：『皇太子将行冠礼①，宜用二月为吉，请追兵以备仪注②。』太宗曰：『今东作③方兴，恐妨农事。』令改用十月。太子少保萧瑀奏言：『准阴阳家④，用二月为胜。』太宗曰：『阴阳拘忌⑤，朕所不行。若动静必依阴阳，不顾理义，欲求福祐，其可得乎？若所行皆遵正道，自然常与吉会。且吉凶在人，岂假阴阳拘忌？农时甚要，不可暂失。』

注释　①冠礼：古代男子二十岁（天子、诸侯可提前至十二岁）举行的加冠之礼，表示其成人。②追兵：征召、调集军队。仪注：制度，仪节。③东作：指春耕。如《尚书·尧典》有：『寅宾出日，平秩东作。』孔安国传曰：『岁起于东，而始就耕，谓之东作。』④阴阳家：原指战国时期提倡阴阳五行说的一个学派，后指以择日、占星、风水等迷信为业的人。⑤拘忌：禁忌。

译文　贞观五年（631年），有关部门上书说：『皇太子马上要行冠礼，应当在二月举行比较吉利，请求调集军队以备典礼仪式之用。』唐太宗说：『如今春耕刚刚开始，恐怕会妨害农业生产。』下令把日期改在十月。太子少保萧瑀上奏说：『根据阴阳家的说法，在二月举行较为吉利。』唐太宗说：『阴阳禁忌，我不讲究。如果行动都要按照阴阳，不考虑道理，想要求得保佑，能得到吗？如果所实行的事情都遵循正道，自然总会与吉利相符合。况且吉凶在于人为，难道是借助阴阳禁忌吗？农时非常重要，不能一刻耽误。』

评点　《尚书》中说：『天视自我民视，天听自我民听。』《左传》中不止一次地说：『民，神之主也。』人才是国家的根本，如果失去了民心，老百姓不能安居乐业，统治者的位子也必将会失去根基而坍塌。

贞观十六年，太宗以天下粟价率计斗值五钱，其尤贱处，计斗值三钱，因谓侍臣曰：『国以民为本，人以食为命。若禾黍不登，则兆庶非国家所有。既属丰稔若斯，朕为亿兆人父母，唯欲躬务俭约，必不辄为奢侈。朕常欲赐天下之人，皆使富贵，今省徭赋，不夺其时，使比屋①之人恣其耕稼，此则富矣。敦行礼让，使乡闾之间，少敬长，妻敬夫，此则贵矣。但令天下皆然，朕不听管弦，不从畋猎，乐在其中矣！』

注释　①比屋：所居屋舍相邻，借指家家户户，老百姓。

译文　贞观十六年（642年），唐太宗因为天下的小米价格大约一斗才值五个钱，特别贱的地方，一斗才值三个钱，于是对身边侍从的大臣说：『国家以人民为根本，人民以粮食为生命。如果粮食不丰收，那么人民就不会再接受国家的统治。既然达到了如此丰收，我作为亿万人民的父母，只希望亲自推行节俭，一定不会轻易做奢侈的事情。我经常想赏赐天下人民，都让他们富贵，如今减轻徭役赋税，不侵夺农时，使老百姓都能够一心从事农业生产，这样就能够富足了。大力推行礼让，使民间百姓，年轻者尊敬年长者，妻子敬重丈夫，这样就能够尊贵了。只要能够使天下都如此，我不用听音乐，不用去打猎，就能从其中感受到快乐了！』

评点　作为社会物质生产的承担者，人民在国家经济发展中的作用是不容置疑的，民用充足是统治者收入来源稳定的基础。所以孔子说：『百姓足，君孰与不足？百姓不足，君孰与足？』（《论语·颜渊》）

刑法第三十一

贞观元年，太宗谓侍臣曰：『死者不可再生，用法务在宽简。古人云，鬻棺者欲岁之疫，非疾于人，利于棺售故耳。今法司核理一狱，必求深刻①，欲成其考课②。今作何法，得使平允？』谏议大夫王珪进曰：『但选公直良善人，断狱允当者，增秩赐金，即奸伪自息。』诏从之。太宗又曰：『古者断狱，必讯于三槐、九棘③之官，今三公、九卿，即其职也。自今以后，大辟④罪皆令中书、门下四品以上及尚书九卿议之。如此，庶免冤滥。』由是至四年，断死刑，天下二十九人，几致刑措。

注释 ①深刻：严峻苛刻。②考课：按一定标准考核官吏优劣，分别等差，决定升降赏罚。③三槐：相传周代宫廷外种有三棵槐树，三公朝天子时，面向三槐而立。后以三槐比喻三公。九棘：古代群臣外朝之位，树九棘为标识，以区分等级职位。如《周礼·秋官·朝士》有：『左九棘，孤、卿、大夫位焉……右九棘，公、侯、伯、子、男位焉。』郑玄注曰：『树棘以为立者，取其赤心而外刺，象以赤心三刺也。』后因以九棘为九卿的代称。④大辟：古代五刑之一，即死罪。

译文 贞观元年（627年），唐太宗对身边侍从的大臣说：『人死了不能够复生，使用法律一定要从宽从简。古人说，卖棺材的人希望每年都发生瘟疫，不是因为憎恨人，是因为有利于棺材出售的缘故。如今执法机关审理一件案子，一定会追求严峻苛刻，想要使考核取得好成绩。如今使用什么方法，可以使执法公平适当？』谏议大夫王珪进言说：『只要选择公正正直善良的人，判决案件适当者，增加品级赐给财物，那么奸邪虚假自然会消失。』唐太宗下诏遵从这个建议。唐太宗又说：『古代判决案件，一定要向三公九卿咨询，如今的三公九卿，担当的就是这一职责。从今以后，死罪都让中书省和门下省四品以上的官员和九卿合议。这样就可能避免冤杀和滥杀了。』从此到贞观四年（630年），被判定死刑的，全国只有29人，刑罚几乎被搁置不用了。

评点 古人认为，『诛期于无诛』，法律的目的是为了使老百姓畏惧受到惩罚而自己约束自己的行为，遵守社会规范，而不是为了残害百姓。

贞观二年，太宗谓侍臣曰：『比有奴告主谋逆，此极弊法，特须禁断。假令有谋反者，必不独成，终将与人计之；众计之事，必有他人论之，岂藉奴告也？自今奴告主者，不须受，尽令斩决。』

译文 贞观二年（628年），唐太宗对身边侍从的大臣说：『近来有家奴告发主人谋反，这是非常有害的做法，必须禁止根绝。如果有人谋反，一定不会靠一个人就成功，一定会和别人商量；和众人商量的事情，一定有其他的人议论，怎么还要靠家奴来告发？从今之后凡有家奴告发主人的，不用受理，一律处死。』

评点 唐太宗为什么要发布这道诏令，戈直分析说：『大臣叛逆，这是以下叛上。家奴告发主人，这也是以下叛上。自己厌恶别人叛上，于是让叛上之人得志，这是用混乱来代替混乱，差别有多大呢？』这一分析是有道理的。

贞观五年，张蕴古为大理丞。相州人李好德素有风疾①，言涉妖妄，诏令鞫②其狱。蕴古言：『好德癫病有征，法不当坐③。』太宗许将宽宥。蕴古密报其旨，仍引与博戏④。治书侍御史权万纪劾奏之。太宗大怒，令斩于东市⑤。既而悔之，谓房玄龄曰：『公等食人之禄，须忧人之忧，事无巨细，咸当留意。今不问则不言，见事都不谏诤，何所辅弼？如蕴古身为法官，与囚博戏，漏泄朕言，此亦罪状甚重。若据常律，未至极刑。朕当时盛怒，即令处置。公等竟无一言，所司又不覆奏，遂即决之，岂是道理。』因诏曰：『凡有死刑，虽令即决，皆须五覆奏。』五覆奏，自蕴古始也。又曰：『守文定罪，或恐有冤。自今以后，门下省覆，有据法令合死而情可矜者，宜录奏闻。』

蕴古，初以贞观二年，自幽州总管府记室兼直中书省，表上《大宝箴》，文义甚美，可以规诫。其词曰：

今来古往，俯察仰观，惟辟作福⑥，为君实难。宅普天之下，处王公之上，任土⑦贡其所有，具僚和其所唱。是故恐惧之心日弛，邪僻之情转放⑧。岂知事起乎所忽，祸生乎无妄⑨。故以圣人受命，拯溺亨屯⑩，归罪于己，推恩于民。大明⑪无偏照，至公无私亲。故以一人治天下，不以天下奉一人。礼以禁其奢，乐以防其佚。左言而右事⑫，出警而入跸。四时调其惨舒⑬，三光同其得失。故身为之度，而声为之律。勿谓无知，居高听卑；勿谓何害，积小成大。乐不可极，极乐成哀；欲不可纵，纵欲成灾。壮九重⑭于内，所居不过容膝⑮；彼昏不知，瑶其台而琼其室⑯。罗八珍⑰于前，所食不过适口；惟狂罔念⑱，丘其糟而池其酒。勿内荒于色，勿外荒于禽；勿贵难得之货，勿听亡国之音。内荒伐⑲人性，外荒荡人心；难得之物侈，亡国之声淫。勿谓我尊而傲贤侮士，勿谓我智而拒谏矜己。闻之夏后，据馈频起⑳；亦有魏帝，牵裾不止㉑。安彼反侧㉒，如春阳秋露；巍巍荡荡㉓，推㉔汉高大度。抚㉕兹庶事，如履薄临深；战战栗栗，用周文小心。

《诗》云：『不识不知㉖。』《书》曰：『无偏无党。』一彼此于胸臆，捐好恶于心想。众弃而后加刑，众悦而后命赏。弱其强而治其乱，伸其屈而直其枉。故曰：如衡如石㉗，不定物以数，物之悬者，轻重自见；如水如镜，不示物以形，物之鉴者，妍蚩㉘自露。勿浑浑㉙而浊，勿皎皎㉚而清；勿汶汶㉛而暗，勿察察㉜而明。虽冕旒蔽目而视于未形，虽黈纩㉝塞耳而听于无声。纵心乎湛然㉞之域，游神于至道之精㉟。扣之者，应洪纤㊱而效㊲响；酌之者，随浅深而皆盈。故曰：天之清，地之宁，王之贞。四时不言而代序㊳，万物无为而受成㊴。岂知帝有其力，而天下和平。吾王拨乱，戡㊵以智力；

人惧其威，未怀其德。我皇抚运㊶，扇以淳风㊷；民怀其始，未保其终。爰述金镜㊸，穷神尽性。使人以心，应言以行。包括理体，抑扬辞令。天下为公，一人有庆㊹。开罗起祝㊺，援琴命诗㊻。一日二日，念兹在兹㊼。惟人所召，自天祐之。争臣司直，敢告前疑。

太宗嘉之，赐帛三百段，仍授以大理寺丞。

注释

①风疾：疯病，神经错乱、精神失常。②鞠：通「鞫」，审问，究问。③坐：判罪。④博戏：古代一种决输赢的游戏。⑤东市：汉代在长安东市处决判死刑的犯人，后以「东市」泛指刑场。⑥辟：音bì，天子，君主。作福：赐给别人福祉。⑦任土：地方进贡时根据土地的情况。如《尚书·禹贡序》有：「禹别九州岛，随山浚川，任土作贡。」孔安国传曰：「任其土地所有定其贡赋之差。」⑧放：放纵，放荡。⑨无妄：意外，不测。⑩拯溺：救援溺水的人，引申为解救危难。亨屯：通达与困厄，这里指拯救困厄。⑪大明：指日月。⑫左言而右事：指左史记言右史记事。⑬惨舒：汉代张衡《西京赋》有：「夫人在阳时则舒，在阴时则惨，此牵乎天者也。」后以「惨舒」指忧乐、宽严、盛衰等。⑭壮：加强，壮大。九重：指宫禁。⑮容膝：仅能容纳双膝，指狭小之地。⑯瑶其台而琼其室：用美玉砌成楼台宫室，泛指修建华丽的宫廷建筑物。⑰八珍：一说为八种烹饪法。如《周礼·天官·膳夫》有：「珍用八物。」郑玄注曰：「珍，谓淳熬、淳母、炮豚、炮牂、捣珍、渍、熬、肝膋也。」宋代吕希哲《侍讲日记》中则说：「八珍者，淳熬也，淳母也，炮也，捣珍也，渍也，熬也，糁也，肝膋也。先儒不数糁而分炮豚羊为二，皆非也。」一说为八种珍贵食品。如明代陶宗仪《辍耕录·续演雅发挥》中有：「所谓八珍，则醍醐、麈沆、野驼蹄、鹿唇、驼乳糜、天鹅炙、紫玉浆、玄玉浆也。」泛指珍馐美味。⑱惟狂罔念：出自《尚书·多方》：「惟圣罔念作狂，惟狂克念作圣。」这里指那些狂妄放纵的暴君不思为善。⑲伐：败坏，危害。⑳闻之夏后，据馈频起：《淮南子·氾论训》中说：「禹之时，……一馈而十起，一沐而三捉发，以劳天下之民。」夏后：夏朝的帝王，这里指大禹。馈：以食物送人，这里指吃饭。㉑亦有魏帝，牵裾不止：《三国志·魏志·辛毗传》记载，三国时魏文帝曹丕要从冀州迁十万户到河南去，时连年蝗灾百姓生活困难，百官以为不可，辛毗与群臣一起上谏，不听。曹丕不答而入内，辛毗拉住他的衣裾，曹丕奋力挣脱，很久才挣开，于是说：「佐治，卿持我何太急邪？」后来辛毗一再苦谏，终于减去五万户。㉒反侧：不安分，不顺从。㉓巍巍荡荡：出自《论语·泰伯》：「大哉尧之为君也！巍巍乎！唯天为大，唯尧则之。荡荡乎，民无能名焉。」朱熹《集注》曰：「巍巍，高大之貌；荡荡，广远之称也。」后以「巍巍荡荡」形容道德崇高，恩泽博大。㉔推：推重。㉕抚：治理，处理。㉖不识不知：出自《诗经·大雅·皇矣》。没有知识，比喻民风淳朴。㉗衡：秤；石：古代重量单位，一百二十斤为一石。㉘妍蚩：即美丑。㉙浑浑：浑厚淳朴。㉚皎皎：分明貌，明白貌。㉛汶汶：不明貌。汶：音mén，蒙蔽。㉜察察：明察，苛察。㉝黈纩：黄绵所制的小球，悬于冠冕之上，垂于两耳旁，以表示不欲妄听是非。㉞湛然：清澈貌。㉟精：清朗，光明。如《史记·天官书》有：「天精而见景星。」司马贞《索隐》引韦昭曰：「精谓清朗。」㊱洪纤：大小，巨细。㊲效：显示，呈现。㊳代序：按照时序更替。㊴受成：接受一定的安排或谋略。㊵戡：平定。㊶抚运：顺应时运。㊷淳风：敦厚古朴之风。㊸金镜：铜镜。常比喻显明的正道。㊹天下为公：出自《礼记·礼运》：「大道之行也，天下为公，选贤与能，讲信修睦。」孙希旦《集解》说：「天下为公者，天子之位传贤而不传子也。」原意为君位不为一家私有，也代指一种美好的社会政治理想。一人有庆：出自《尚书·吕刑》：「一人有

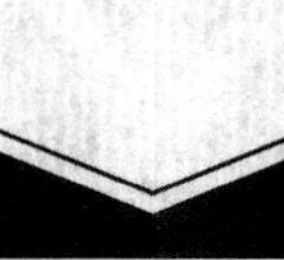

庆，兆民赖之，其宁惟永。』孔安国传曰：『天子有善，则兆民赖之，其乃安宁长久之道。』后常用为歌颂帝王德政之词。㊺开罗起祝：指商汤放开网罗进行祷告。㊻援琴命诗：指舜操五弦琴，歌南风之诗。援琴：持琴，弹琴。㊼念兹在兹：出自《尚书·大禹谟》：『帝念哉！念兹在兹，释兹在兹。名言兹在兹，允出兹在兹，惟帝念功。』孔安国传曰：『兹，此；释，废也。念兹人，在此功；废兹人，在此罪。言不可诬。』后形容念念不忘于某一事情。

译文

贞观五年（631年），张蕴古为大理丞。相州人李好德一直有疯癫的毛病，说了些怪异荒诞的话，唐太宗下令让张蕴古审理这个案子。张蕴古说：『李好德患有疯癫病有确凿的证据，根据法律不应当判罪。』唐太宗准许给予宽大处理。张蕴古私下里把唐太宗的意思通报给李好德，并将其招来同自己一同博戏。治书侍御史权万纪上奏弹劾了他。唐太宗大怒，下令将张蕴古在东市斩首。不久之后他就后悔了，对房玄龄说：『你们吃别人的俸禄，就必须替别人分忧，事情无论大小，都应当留心。如今我不问你们就不说话，遇到事也不直言劝谏，称得上什么辅弼？比如张蕴古身为执法官员，与囚徒一起博戏，泄露了我的话，这个罪状也是很重的。但如果依据一般的法律，不至于处死。我当时非常生气，就下了处死的命令。你们竟然没有一个人说话，相关部门又没有审核上奏，于是马上处决了，这难道合乎道理吗！』于是下诏说：『凡是有判处死刑的，即使下令马上处决，也都必须五次审核上奏。』五次审核上奏的制度，是从张蕴古时开始的。唐太宗又说：『依据法律判定罪行，有的恐怕会产生冤情。从今之后，要由门下省复核，有依据法律应当处死但实际情形可以怜悯的，应当记录上奏。』

张蕴古，当初在贞观二年（628年），任幽州总管府记室兼直中书省时，上表进呈了一篇《大宝箴》，文章的思想非常好，能够起到规诫的作用。是这样写的：

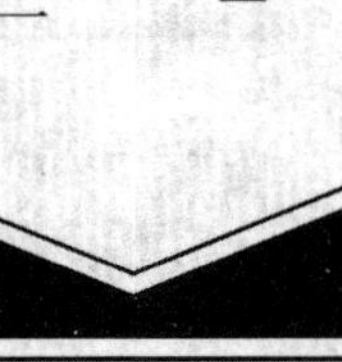

古往今来，远察近观，天子掌握福柄，国君唯实难当。居于普天之下，位处王公之上，各地因其所有而贡赋，百官随其所唱而附和。因此惶恐戒惧之心日渐减少，邪恶悖理之情转而放纵。哪还知道事变兴起于疏忽之间，灾祸发生于不测之时。所以圣人禀受天命，拯救危难困厄，罪过归于自己，恩德施与人民。如日月无所不照，行至公没有偏私。所以以一人治理天下，不以天下奉养一人。以礼节禁止其奢侈，以音乐防止其放逸。左史记言右史记事，出入警诫禁止行人。根据四季调和其宽严，三光明暗仿佛其得失。因此行为就是法度，声音就是节律。不要说一无所知，身居高位要倾听下情；不要说没有危害，小害积累会酿成大祸。欢乐不要无度，乐极生悲；情欲不可放纵，纵欲成灾。在内扩充宫室，所居不过容膝之地，他却昏昧不知，宝石为台美玉为室。珍馐美味罗列于前，吃的不过是合乎口味的那点，那些暴君不思为善，酒糟堆成山美酒贮满池。在内不要沉湎于美色，在外不要沉迷于田猎，不要看重难得的物品，不要去听亡国的音乐。在内沉湎美色败坏人的天性，在外沉迷田猎扰乱人的心志；难得的物品导致奢侈，亡国的音乐导致放纵。不要说我尊贵而傲慢贤才侮辱士人，不要说我聪明而拒绝纳谏夸耀自己。听说夏禹王，吃着饭还频繁起来处理事务；还有魏文帝，大臣进谏可以扯着他的衣襟不放。安定那些不顺服的人，要像春天的太阳秋天的雨露；道德崇高恩泽博大，推重汉高祖的胸怀大度。处理各种事务，要如临深渊如履薄冰；内心战战栗栗，像周文王般小心谨慎。

《诗经》中说：『不去认识不去了解。』《尚书》中说：『没有偏私没有朋党。』在观念中等同彼此，在思想中抛弃好恶。众人都厌恶然后才处以刑罚，众人都喜欢然后才加以赏赐。削弱强悍者治理混乱者，伸张压抑者挺直弯曲者。所以说：如同秤和石，虽然不决定物品的重量，但物品悬挂上去，轻重自然显现；如同水和镜，虽然不显示物品的行状，但物品映照上去，美丑自然暴露。不要以浑厚为污浊，不要以分明为清白；不要以不明为暗蔽，不要以苛察为精明。虽然冠冕上的玉串遮住了眼睛但在行迹还未显露时就可以看清，虽然冠冕上的绵球塞住了耳朵但在声音还没发出时就可以听见。思想驰骋在清澈的境界之内，神思遨游于大道的光明之中。叩击物品，虽大小不同而发出声响；斟酒于杯，无论深浅都能够盈满。所以说：天追求的是清明，地追求的是安宁，君王追求的是公正。四季不言但按照时序而更替，万物无为但遵循一定的规律。哪里知道帝王有力量，天下才和平。我朝君主平定祸乱，安定天下靠的是智谋和力量；人们惧怕皇帝的威严，但没有感受到皇帝的恩德。陛下顺应天命即位，倡导敦厚古朴之风，这是人们感受恩德的开始，但还没有能够保持到最终。于是陈述正道，以使陛下勤于思虑修养德性。用诚心驱使百姓，用行动履行诸言。全面掌握治理国家的原则，根据需要增减言辞和号令。天下为公，是由天子一人有善德。像商汤放开网罗进行祷告，像舜帝操起五弦琴歌南风之诗。一天一天，念念不忘。福祸人所自招，上天予以庇佑。诤谏之臣想要纠正人主的过错，斗胆陈述上述的疑惑。

唐太宗对此十分赞赏，赐予三百段丝帛，因而任命他为大理寺丞。

评点 罚当其罪是执法的基本要求，凭一时好恶或喜怒来执法，难免造成冤案。赏罚公平，使好人都能得到鼓励，恶行都能受到惩治，才能够使刑罚起到教化人民的目的。否则，只能成为统治者要淫威的工具。

贞观五年，诏曰：『在京诸司，比来奏决死囚，虽云三覆，一日即了，都未暇审思，三奏何益？纵有追悔，又无所及。自今后，在京诸司奏决死囚，宜二日中五覆奏，天下诸州三覆奏。』又手诏敕曰：『比来有司断狱，多据律文，虽情在可矜而不敢违法，守文定罪，或恐有冤。自今门下省复有据法合死，而情在可矜者，宜录状奏闻。』

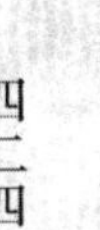

译文 贞观五年（631年），唐太宗下诏说：『京城中的各官署，近来上奏判决处死囚犯，虽说要三次复核，但一天之内就办完了，连审核思考的时间都没有，三次上奏有什么用处？即使以后追悔，又没有办法补救，从此之后，在京城的各官署上奏判决处死囚犯的事情，应当在两日之内五次复核上奏，天下的各个州郡三次复核上奏。』另外，又亲自手写诏书下令说：『近来有关部门判决案件，大多依据法律条文，虽然情理上可以怜悯但不敢违反法律规定，根据条文确定罪责，有的怕其中有冤情。从今以后门下省再有根据法律应当处死，但依据情理可以怜悯的，应当记录案情上奏。』

评点 刑罚必须谨慎，尤其是死刑，一经执行便无可挽回，因此从程序上必须认真审核，避免冤狱。

贞观九年，盐泽道行军总管、岷州都督高甑生，坐违李靖节度，又诬告靖谋逆，减死徙边。时有上言者曰：『甑生旧秦府功臣，请宽其过。』太宗曰：『虽是藩邸旧劳，诚不可忘。然理国守法，事须画一，今若赦之，使开侥幸之路。且国家建义太原，元①从及征战有功者甚众，若甑生获免，谁不觊觎？有功之人，皆须犯法。我所以必不赦者，正为此也。』

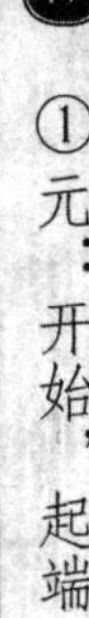

注释 ①元：开始，起端。

译文 贞观九年（635年），盐泽道行军总管、岷州都督高甑生，犯了违抗李靖节制调度的罪行，同时还诬告李靖谋反，减免死罪发配到边疆。当时有人上奏说：『高甑生是原来秦王府的功臣，请求宽恕他的罪过。』唐太宗说：『虽然是我为藩王时在府上的一些旧功劳，但确实不能够忘记。然而治理国家遵守法度，事情需要有一个一致的标准，如今如果赦免了他，就会使侥幸免于责罚的道路被打开。况且我国是从太原首举义旗，开始时就跟从以及有功劳的人很多，如果高甑生得到赦免，哪个人不心生非分之想？有功劳的人，一定都会违反法律。我之所以坚决不赦免他，正是由于这个原因。」

评点 统治者在进行社会公共管理时，利用赏罚作为激励手段，不仅要做到标准明确、公平、一视同仁，而且赏罚要及时实施、兑现，必须言而有信，严格按照事先颁布的法令和制度行事。

贞观十一年，特进魏征上疏曰：

臣闻《书》曰：『明德慎罚①』，『惟刑恤哉②！』《礼》云③：『为上易事，为下易知，则刑不烦矣。上人疑则百姓惑，下难知则君长劳矣。』夫上易事，则下易知，君长不劳，百姓不惑。故君有一德，臣无二心，上播忠厚之诚，下竭股肱之力，然后太平之基不坠，『康哉』之咏斯起。当今④道被华戎，功高宇宙，无思不服，无远不臻。然言尚于简文，志在于明察，刑赏之用，有所未尽。夫刑赏之本，在乎劝善而惩恶，帝王之所以与天下为画一，不以贵贱亲疏而轻重者也。今之刑赏，未必尽然。或屈伸在乎好恶，或轻重由乎喜怒；遇喜则矜其情于法中，逢怒则求其罪于事外；所好则钻皮

出其毛羽，所恶则洗垢求其瘢痕。瘢痕可求，则刑斯滥矣；毛羽可出，则赏因谬矣。刑滥则小人道长，赏谬则君子道消。小人之恶不惩，君子之善不劝，而望治安刑措，非所闻也。

且夫暇豫清谈，皆敦尚于孔、老；威怒所至，则取法于申、韩。直道而行，非无三黜⑤，危人自安，盖亦多矣。故道德之旨未弘，刻薄之风已扇。夫刻薄既扇，则下生百端；人竞趋时⑥，则宪章不一。稽之王度，实亏君道。昔州犁上下其手⑦，楚国之法遂差；张汤轻重其心，汉朝之刑以弊。以人臣之颇僻，犹莫能申其欺罔，况人君之高下，将何以措其手足乎？以睿圣之聪明，无幽微而不烛，岂神有所不达，智有所不通哉？安其所安，不以恤刑为念；乐其所乐，遂忘先笑之变⑧。祸福相倚，吉凶同域，惟人所召，安可不思？顷者责罚稍多，威怒微厉，或以供帐⑨不赡，或以营作差违，或以物不称心，或以人不从命，皆非致治之所急，实恐骄奢之攸渐。是知『贵不与骄期而骄自至，富不与侈期而侈自来』，非徒语也。

且我之所代，实在有隋。隋氏乱亡之源，圣明之所临照⑩。以隋氏之府藏譬今日之资储，以隋氏之甲兵况当今之士马，以隋氏之户口校今时之百姓，度长比大，曾何等级？然隋氏以富强而丧败，动之也；我以贫穷而安宁，静

之也。静之则安，动之则乱，人皆知之，非隐而难见也，非微而难察也。然鲜蹈平易之途，多遵覆车之辙，何哉？在于安不思危、治不念乱、存不虑亡之所致也。昔隋氏之未乱，自谓必无乱；隋氏之未亡，自谓必不亡，所以甲兵屡动，徭役不息。至于将受戮辱，竟未悟其灭亡之所由也，可不哀哉！

夫鉴形之美恶，必就于止水；鉴国之安危，必取于亡国。故《诗》曰：『殷鉴不远，在夏后之世。』又曰：『伐柯伐柯，其则不远⑪。』臣愿当今之动静，必思隋氏以为殷鉴，则存亡治乱，可得而知。若能思其所以危，则安矣；思其所以乱，则治矣；思其所以亡，则存矣。知存亡之所在，节嗜欲以从人，省游畋之娱，息靡丽之作，罢不急之务，慎偏听之怒；近忠厚，远便佞，杜悦耳之邪说，甘苦口之忠言；去易进之人，贱难得之货，采尧舜之诽谤，追禹汤之罪己；惜十家之产，顺百姓之心，近取诸身，恕以待物，思劳谦以受益，不自满以招损。有动则庶类以和，出言而千里斯应，超上德于前载，树风声于后昆⑫，此圣哲之宏观，而帝王之大业，能事斯毕，在乎慎守而已。

夫守之则易，取之实难。既能得其所以难，岂不能保其所以易？其或保之不固，则骄奢淫泆动之也。慎终如始，可不勉欤！《易》曰⑬：『君子安不忘危，存不忘亡，治不忘乱，是以身安而国家可保也。』诚哉斯言，

不可以不深察也。伏惟陛下欲善之志，不减于昔时，闻过必改，少亏于曩日。若以当今之无事，行畴昔⑭之恭俭，则尽善尽美矣，固无得而称焉。

太宗深嘉而纳用。

注释 ①明德慎罚：出自《尚书·康诰》。②惟刑恤哉：出自《尚书·舜典》。③《礼》云：以下引文出自《礼记·缁衣》：『为上易事也，为下易知也，则刑不烦矣。』『上人疑则百姓惑，下难知则君长劳。』④当今：指当前在位的皇帝。⑤三黜：三次被罢官。出自《论语·微子》：『柳下惠为士师，三黜。人曰：「子未可以去乎？」曰：「直道而事人，焉往而不三黜？」』⑥趋时：迎合潮流，迎合时尚。⑦州犁上下其手：《左传·襄公二十六年》记载：楚国攻打郑国，『穿封戌囚皇颉，公子围与之争之。正于伯州犁，伯州犁曰：「请问于囚。」乃立囚。伯州犁曰：「所争，君子也，其何不知？」上其手，曰：「夫子为王子围，寡君之贵介弟也。」下其手，曰：「此子为穿封戌，方城外之县尹也。谁获子？」囚曰：「颉遇王子，弱焉。」』后以「上下其手」比喻玩弄手法，协同作弊。⑧先笑之变：指命运吉凶的前后变化。出自《周易·同人》：『九五，同人先号咷而后笑，大师克相遇。』⑨供帐：指供宴饮之用的帷帐、用具、饮食等物。⑩照临：从上面照察，观察。出自《诗经·小雅·小明》：『明明上天，照临下土。』郑玄笺曰：『照临下土，喻王者当察理天下之事也。』⑪伐柯伐柯，其则不远：出自《诗经·豳风·伐柯》。意思是手中拿着斧子砍削木棍做一只新的斧柄，标准和样式不用到别的地方寻找，自己的手中就有。⑫后昆：后代，后嗣。⑬《易》曰：以下引文出自《易经·系辞下》。⑭畴昔：往日，从前。

译文 贞观十一年（637年），特进魏征上疏说：

我听《尚书》中说：『修明德行治理天下，慎重使用刑罚』，『只有刑罚值得忧念！』《礼记》中说：『在上位者容易事奉，在下位者容易了解，那么刑罚就不必繁苛了。上面的人有怀疑那么老百姓就会迷惑，下面的人难以了解那么君主长上就要忧劳。』在上位者容易侍奉，那么在下位者就容易了解，君主长上就不会劳烦，老百姓也不会迷惑。所以君主有专一的美德，臣下就没有二心，在上位者广布忠厚的真诚，在下位者就会竭尽股肱之力，那么天下太平的基业就牢固了，『康哉』的歌咏就会兴起。陛下道义覆盖华夏和夷狄，功劳高过宇宙，没有人会有不服从的想法，无论多远的人都来朝拜。然而言语崇尚选择华丽的文采，心里只想着苛察，刑罚和赏赐在使用的过程中，有做的不是很恰当的地方。刑罚和赏赐的根本，在于劝勉善行并惩罚恶行，帝王因此在刑罚和赏赐的使用时追求在天下实行标准一致，不以亲疏贵贱而确定不同的标准。如今的刑罚和赏赐，未必都是这样做的。或者以好恶决定屈伸，或者因喜怒决定轻重；遇到喜悦时则在法律之中寻求感情上的怜悯，遇到愤怒时则在事实之外寻找对方的过错；自己喜欢的恨不能钻开皮肉翻找羽毛，自己厌恶的恨不能洗掉污垢寻找疤痕。疤痕可以寻找，那么刑罚就会滥用；羽毛可以翻找，那么赏赐因而不当。刑罚滥用那么小人之道就会彰扬，赏赐不当那么君子之道就会消逝。小人的罪恶不惩罚，君子的善行不鼓励，而期望政治安定刑罚有序，没有听说过这样的事情。

况且闲暇安逸的时候清谈，都非常崇尚孔子、老子的学说；逞威发怒的时候，则取法于申不害、韩非等法家。按照正直之道做事，不是没有被多次罢官的情况，危害他人求得自安的事例，大概也有很多了吧。所以道德的原则没有得到弘扬，刻薄的风气已经孳生蔓延。刻薄的风气一旦孳生蔓延，那么下面就会生出各种事端；人人争相迎合这种风气，那么国家的法令制度就无法统一。衡量于王者的法度，的确有损于为君之道。当初州犁玩弄手法作弊，楚国的法律于是

就产生了混乱；张汤以自己的心意确定刑罚的轻重，汉朝的刑罚于是就产生了弊端。做臣子的偏颇邪僻，尚且没有人能够揭露他们的欺骗行径，何况是君主行事的优劣得失，别人怎么能够插手干涉呢？以帝王的聪明睿智，没有什么幽暗细微的东西不能被明察，难道是神思还不够畅达，智识还不够通畅吗？因老百姓的安定而安心，不要时刻考虑怜悯或者刑罚；因老百姓的快乐而欢乐，于是忘记命运吉凶的变化。祸福相互转化，吉凶同时并存，都是由人自己所招致的，这个道理能不深思吗？近来责问处罚稍微多了一些，威风和怒气稍微严厉了一些，或者因为宴饮用品供应不充足，或者因为土木建造出现了差错，或者因为物品不称心，或者因为有人不听话，都不是国家治理的要紧事，深恐骄横奢侈的风气因此而孳长。因此可知『尊贵与骄横没有约定但骄横会自己来，富足与奢侈没有约定但奢侈会自己来』，这不是空话啊。

况且我朝所取代的，是隋朝。隋朝混乱和灭亡的根源，是陛下亲眼看到的。以隋朝的仓库储存同今天的仓库储存相比，以隋朝的军事力量同当今的军事力量相比，以隋朝的人口数量同当今的人口数量相比，衡量长短比较大小，各自的情况究竟如何？然而隋朝虽然富强但是亡国了，是因为他们举措太多；我朝虽然贫穷但是国家安宁，是由于为政清简。为政清简就能够安定，举措太多就容易混乱，这是人人都能够看到的道理，并不是隐藏而难以发现，细微而难以观察的道理。但是人们却很少走平坦易行的大道，而是沿着前车倾覆的辙印，为什么呢？就是因为安定时想不到危险、有序时想不到混乱、生存时想不到灭亡而导致的。当初隋朝没有混乱的时候，自己以为一定不会混乱；隋朝没有灭亡的时候，自己以为一定不会灭亡，所以穷兵黩武，徭役不断。即使到了将要被杀死和侮辱的时候，隋炀帝竟然还没有明白灭亡的原因是什么，能不让人觉得悲哀吗！

考察外表的美丑，一定要以静止的水面作为镜子；考察国家的安危，一定要以灭亡的国家作为教训。所以《诗经》

中说：『殷商的戒鉴不远，就在夏桀的时代。』又说：『拿着斧子砍斧柄，标准不必去远求。』我希望如今有所举措，一定要以隋朝作为戒鉴，那么国家的存亡治乱之道，就可以明白了。如果能够思考隋朝之所以危险的原因，我们就能够安全了；思考隋朝之所以混乱的原因，我们就能够有序了；思考隋朝之所以灭亡的原因，我们就能够生存了。知道存亡的原因，节制自己的爱好和欲望以顺应老百姓的意志，减少游玩打猎等娱乐，停止华丽宫室的建造，减省不急迫的事务，谨慎因偏听偏信导致的愤怒；接近忠厚的人，疏远奸佞的人，杜绝悦耳的邪说，喜爱苦口的忠言；罢黜平庸的人员，轻贱难得的物品，借鉴尧舜乐听诽谤之言，仿效禹汤对自己的过错进行责罚；爱惜十家的产业，顺从百姓的意志，从身边的事情做起，以恕道待人，思考勤劳谦虚能够受益的道理，不因自满而招致损失。这样有举措就会得到天下百姓的响应发号令就会影响到千里之外的地方，超越前人的高尚德行，为后代树立良好的风范，这是圣哲的长远眼光，帝王的伟大事业，能否做到事情都很完满，在于自己能否恪守正道而已。

保持正道容易，按照正道实行却很难。既然能够做到比较难的，难道还不能保持比较容易的吗？可能是保持得不牢固，那么骄奢淫逸就会产生。最终也像开始时一样谨慎，能够不努力去做吗！《周易》中说：『君子安全的时候不忘记危险，生存的时候不忘记灭亡，有序的时候不忘记混乱，所以自身安全并且国家可以保持长久。』这话说得非常正确，不能够不深入地分析啊。陛下想要推行善政的志向，不减于当年，听到别人指出自己的过错一定会改正，却与当初比起来稍微有欠缺。如果在当今的太平之世，遵循当初的谦恭俭朴，那么就能够达到尽善尽美了，肯定没有什么事情可以与此相媲美。

唐太宗深深赞同他的建议并采纳了。

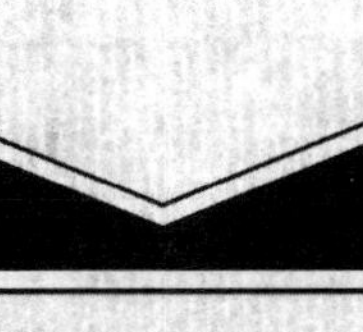

评点 中国古代虽然重视刑罚，但一直有『德主刑辅』的主张，认为德治才是根本，法治不过是德治、仁政的补充。如果崇尚法治，对老百姓严刑峻法，必将引起人民的不满。

贞观十四年，戴州刺史贾崇以所部有犯十恶①者，被御史劾奏。太宗谓侍臣曰：『昔陶唐②大圣，柳下惠大贤，其子丹朱甚不肖，其弟盗跖为巨恶。夫以圣贤之训，父子兄弟之亲，尚不能使陶染③变革，去恶从善。今遣刺史，化被下人，咸归善道，岂可得也？若令缘此皆被贬降，或恐递相掩蔽，罪人斯失。诸州有犯十恶者，刺史不须从坐，但令明加纠访科罪，庶可肃清奸恶。』

注释 ①十恶：刑律所定的十种大罪。《隋书·刑法志》中说：『（开皇元年，）更定《新律》……又置十恶之条，多采后齐之制，而颇有损益。一曰谋反，二曰谋大逆，三曰谋叛，四曰恶逆，五曰不道，六曰大不敬，七曰不孝，八曰不睦，九曰不义，十曰内乱。犯十恶及故杀人狱成者，虽会赦，犹除名。』唐代沿袭，《唐律疏议·名例一·十恶》说：『周齐虽具十条之名，而无十恶之目。开皇创制，始备此科……自武德以来，仍遵开皇，无所损益。』②陶唐：即尧。

③陶染：熏陶感染。

译文 贞观十四年（640年），戴州刺史贾崇因为部下有人犯了十恶不赦的大罪，被御史弹劾。唐太宗对身边侍从的大臣说：『尧是大圣，柳下惠是大贤，尧的儿子丹朱非常不成器，柳下惠的弟弟盗跖是个大恶人。凭着圣贤的教训，父子兄弟的亲情，尚且不能够使他们熏陶感染的恶习得到变革，弃恶从善。如今派遣刺史，教化下面的人民，让每一个人都回到为善的道路上来，可能实现吗？如果要因此而让他们贬官降职，恐怕会相互掩盖，有罪的人却会被放过。各州郡如有犯十恶罪行的，刺史不必被连坐，只要求他们明确加以查访、定罪，这样才可能肃清奸恶之人。」

评点 责任追究也应当有限度，如果对社会管理者无限追究责任，只能使他们束手束脚，无所作为。

贞观十六年，太宗谓大理卿孙伏伽曰：『夫作甲者欲其坚，恐人之伤；作箭者欲其锐，恐人不伤。何则？各有司存①，利在称职故也。朕常问法官刑罚轻重，每称法网宽于往代，仍恐主狱之司，利在杀人，危人自达，以钓声价。今之所忧，正在此耳。深宜禁止，务在宽平。』

①司存：执掌，职责。

译文 贞观十六年（642年），唐太宗对大理卿孙伏伽说：「制作铠甲的人希望铠甲坚固，恐怕人受到伤害；制作弓箭的人希望箭头锋利，唯恐人受不到伤害。为什么呢？他们各有职责，因为这样做有利于履行自己的职责罢了。我经常询问执法的官员刑罚轻重，往往都说法律约束比前代要宽，但我仍然害怕掌管刑狱的部门，以杀人为有利于职责，危害别人追求自己的升迁，以获取名声和赞誉。如今我所忧虑的，正在于此事。应当大力禁止，司法一定要追求宽大和公平。」

评点 司法最重要的是出于公心，如果事事从自己的私利出发，则难免曲意枉法。

赦令第三十二

贞观七年，太宗谓侍臣曰：『天下愚人者多，智人者少，智者不肯为恶，愚人好犯宪章。凡赦宥之恩，惟及不轨之辈。古语云：「小人之幸，君子之不幸。」「一岁再赦，善人喑哑。」凡养稂莠①者伤禾稼，惠奸宄②者贼良人。昔文王作罚，刑兹无赦。又蜀先主尝谓诸葛亮曰：「吾周旋陈元方、郑康成③之间，每见启告理乱之道备矣，曾不语赦。」故诸葛亮治蜀十年不赦，而蜀大化。梁武帝每年数赦，卒至倾败。夫谋小仁者，大仁之贼。故我有天下以来，绝不放赦。今四海安宁，礼义兴行，非常之恩，弥不可数，将恐愚人常冀侥幸，惟欲犯法，不能改过。』

注释 ①稂莠：狗尾草，泛指对禾苗有害的杂草，常比喻害群之人。②奸宄：违法作乱的人。③周旋：交往，交际。陈元方：名纪，颍川许昌人，东汉末年名士。郑康成：名玄，北海高密人，东汉末年著名经学家。

贞观七年（633年），唐太宗对身边侍从的大臣说：「天下愚笨的人较多，明智的人较少，明智的人不肯作恶，愚笨的人喜欢触犯法度。凡是赦免宽宥的恩典，只是给那些不法之徒。古语说：「小人的幸运，是君子的不幸。」「一年之内数次赦免，为善之人哑口无言。」养育杂草一定会伤害庄稼，惠泽违法之徒一定会伤害好人。从前周文王制定刑法，触犯刑罚则不予赦免。还有，蜀汉先主刘备曾经对诸葛亮说：「我与陈元方、郑康成等人交往，经常听到他们同我谈起治国之道，非常完备，但他们从没说过赦免。」所以诸葛亮治理蜀国十年没有进行过赦免，而蜀国的风气大为好转。梁武帝每年数次赦免，最终导致了国家败亡。追求小的仁慈，是对大的仁慈的损害。所以我继承帝位以来，绝不颁布赦令。如今四海安定，礼义兴盛，超越常规的恩典，数不胜数，恐怕愚笨的人经常希望获得侥幸，想要违反法律，不能够改正过错。」

评点 法律是用来惩治奸恶的，如果赦宥过于频繁，难免使作奸犯科者产生侥幸心理。因此范祖禹说：「多次赦免的害处，前代论述非常清楚。这样做奉公守法的好人感受不到恩泽而有罪的人得到饶恕，国家治理中的偏私没有比这更严重的。想要用这种做法达到社会和谐和法律得到遵守，不是距离很远吗？但是做君主的经常把赦免当做散布恩德，或者以此祈求得到上天的好报。唐太宗批评这种做法，可以说是很好的治国理念。」

贞观十年，太宗谓侍臣曰：「国家法令，惟须简约，不可一罪作数种条。格式①既多，官人不能尽记，更生奸诈，若欲出罪②即引轻条，若欲入罪③即引重条。数变法者，实不益道理，宜令审细，毋使互文④。」

注释 ①格式：规则法度。②出罪：免罪，开脱罪责。③入罪：治罪，构陷罪责。④互文：互有歧义的条文。

译文 贞观十年（636年），唐太宗对身边侍从的大臣说：「国家的法令，必须要简约，不能一种罪行却规定几种不同的处罚方法。规则法度一旦繁多，官吏不能够完全记住，就会产生更多的奸诈行为，如果打算开脱罪责就引用较轻的条款，如果打算构陷罪责就引用较重的条款。多次改变法令，的确不利于事情的处理，应当让法律非常精确，不要产生互有歧义的条文。」

评点 法制的优势之一就在于它的刚性，能够为人们提供明确的行为准则。如果法令前后抵触，就容易使人产生无所适从之感。

贞观十一年，太宗谓侍臣曰：「诏令格式，若不常定，则人心多惑，奸诈益生。《周易》称「涣汗其大号①」，言发号施令，若汗出于体，一出而不复也。《书》曰：「慎乃出令，令出惟行，弗为反②。」且汉祖日不暇给，萧何起于小吏，制法之后，犹称画一。今宜详思此义，不可轻出诏令，必须审定，以为永式。」

注释 ①涣汗其大号：出自《周易·涣卦》：「九五，涣汗其大号。」孔颖达疏曰：「人遇险阨惊怖而劳，则汗从体出，故以汗喻险阨也。九五处尊履正，在号令之中，能行号令以散险阨者也。」朱熹《周易本义》说：「九五巽体，有号令之象，汗谓如汗之出而不反也。」指帝王号令，如人之汗，一出不复收。②慎乃出令，令出惟行，弗为反：出自《尚书·周官》。

译文 贞观十一年（637年），唐太宗对身边侍从的大臣说：「诏令规则，如果不能保持稳定，那么人心就会产生很多疑惑，奸诈的行为大大增加。《周易》中说「天子号令，发出便无法收回」，说的就是国家发布号令，就像汗从身体里流出来一样，一旦出来就不可能回去。《尚书》中说：「发布号令要谨慎，号令发出就要实行，不要反复无常。」汉高祖每天事务繁忙没有空闲，萧何出身于低级官吏，他们制定法律之后，尚且能够做到始终一致。如今应当仔细考虑这个道理，不能轻易发布诏令，必须对诏令的规则进行审定，作为永恒的标准。」

评点 法律应当具有连续性，不能朝令夕改，否则也无法起到为人们提供明确的准则的目的。

长孙皇后遇疾，渐危笃①。皇太子启后曰：『医药备尽，今尊体不瘳②，请奏赦囚徒并度人入道③，冀蒙福祐。』后曰：『死生有命，非人力所加。若修福可延，吾素非为恶者；若行善无效，何福可求？赦者国之大事，佛道者，上每示存异方之教耳，常恐为理体之弊。岂以吾一妇人而乱天下法？不能依汝言。』

注释 ①危笃：指病情危急。②瘳：病愈。③入道：皈依宗教，出家为僧尼或道士。

译文 长孙皇后生病了，病情越来越危急。皇太子向皇后启奏说：『医生和药物都用尽了，如今您的身体还没有痊愈，请求赦免囚犯并度人出家，期望能够以此获得上天的保佑。』皇后说：『人的生死由命运决定，不是人力所能改变的。如果修德积福可以延年益寿，我一直不是一个作恶的人；如果行善事对生命的长短没有效果，还有什么福佑可以企求呢？赦免是国家的大事，至于佛道之事，皇上经常告诉我们只是为了保存异域传来的宗教罢了，经常担心它会成为国家治理的危害。怎么能够因为我一个妇人而扰乱国家的法度呢？不能听你的建议。』

评点 唐仲友评价长孙皇后说：『国运昌盛，并不是偶然的，帮助国运昌盛的一定有贤良的皇妃。就汉代和唐代来说，长孙皇后比汉光武帝的阴皇后以及汉明帝的马皇后都要贤良，有古代后妃的美德，没有后世皇妃的缺陷。唐太宗把她称为贤内助，很恰当啊。』

贡赋第三十三

贞观二年，太宗谓朝集使曰：『任土作贡，布在前典，当州所产，则充庭实①。比闻都督、刺史邀射②声名，厥土所赋，或嫌其不善，逾意外求，更相仿效，遂以成俗。极为劳扰，宜改此弊，不得更然。』

注释 ①庭实：陈列于朝堂的贡献物品。②邀射：追求，谋取。

译文 贞观二年（628年），唐太宗对各地进京汇报情况的朝集使说：『根据土地状况确定贡赋，自古就写在典章之中，本州所产的物品，就可以作为贡赋。近来听说有些地方的都督、刺史追求名声，自己土地出产的贡赋物品，有些嫌弃其不好，特意到其他地方去寻求，争相仿效这种风气，于是就演化为习俗。这样对人民造成非常大的劳烦和骚扰，应当革除这个弊端，不能够再这样做了。』

评点 贡赋历代都成为人民的沉重负担，无论执行的结果如何，唐太宗能够认识到这一点，还是非常明智的。

贞观中，林邑国①贡白鹦鹉，性辩慧②，尤善应答，屡有苦寒③之言。太宗愍之，付其使，令还出于林薮④。

注释 ①林邑国：古国名，故地在今越南中南部，公元九世纪后期改称占城。②辩慧：聪明而富于辩才。③苦寒：因寒冷而痛苦。④林薮：山林与泽薮，这里指野外。

译文 贞观年间，林邑国贡奉来一只白鹦鹉，天性聪明，富有辩才，尤其善于应答人们的提问，经常说耐不住寒冷之类的话。唐太宗怜悯它，交还给使节，并命令他将其放归野外。

评点 『恻隐之心，人皆有之。』唐太宗此举，意向世人表明他的仁爱之心。

贞观十二年，疏勒、朱俱波、甘棠①遣使贡方物，太宗谓群臣曰：『向使中国不安，日南②、西域朝贡使亦何缘而至？朕何德以堪之？睹此翻怀危惧。近代平一天下，拓定边方③者，惟秦皇、汉武。始皇暴虐，至子而亡。汉武骄奢，国祚几绝。朕提三尺剑以定四海，远夷率服，亿兆乂安④，自谓不减二主也。然二主末途⑤，皆不能自保，由是每自惧危亡，必不敢懈怠。惟藉公等直言正谏，以相匡弼。若惟扬美隐恶，共进谀言，则国之危亡，可立而待也。』

注释 ①疏勒、朱俱波、甘棠：均为西域古国名。②日南：郡名，汉武帝时设立，在今越南中部，东汉末以后并入林邑国。③边方：边地，边疆。④乂安：安定。⑤末途：晚年。

译文 贞观十二年（638年），疏勒、朱俱波、甘棠派遣使节贡奉地方出产的物品，唐太宗对大臣们说：『假如中国不安定，日南、西域朝贡的使者为什么会来呢？我有什么德行承受呢？看到这些我心里反而心怀畏惧。近世以来统

一天下，平定边疆的，只有秦始皇和汉武帝，秦始皇施政暴虐，到他儿子时就亡国了。汉武帝骄奢淫逸，国家几乎灭亡。我手执三尺之剑平定四海，远方的民族都来归顺，万民安定，自认为功绩不低于上述二位君主。然而二位君主晚年，都不能够保全自己的基业，因此经常自己感觉灭亡的危险，就丝毫不敢懈怠。希望借助你们直言诤谏，作为匡正辅弼。你们如果只是歌功颂德而隐瞒我的过失，都来进阿谀逢迎之言，那么国家倾危灭亡的命运，可能马上就会到了。』

评点 居安思危是《贞观政要》中的主要治国经验之一，唐太宗没有被眼前兴盛的局面所迷惑，说明他还是具有长远眼光的。

贞观十八年，太宗将伐高丽，其莫离支①遣使贡白金。黄门侍郎褚遂良谏曰：『莫离支虐杀其主②，九夷③所不容，陛下以之兴兵，将事吊伐④，为辽东⑤之人报主辱之耻。古者讨弑君之贼，不受其赂。昔宋督遗鲁君以郜鼎⑥，桓公受之于大庙，臧哀伯谏曰：「君人者将昭德塞违⑦，今灭德立违，而置其赂器于大庙，百官象之，又何诛焉？武王克商，迁九鼎于雒邑，义士犹或非之，而况将昭违乱之赂器置诸大庙，其若之何？」夫《春秋》之书，百王取则，若受不臣之筐篚⑧，纳弑逆之朝贡，不以为愆，将何致伐？臣谓莫离支所献，自不合受。』太宗从之。

①莫离支：高丽官名。《旧唐书·东夷列传》中说：『犹中国兵部尚书兼中书令职也。』②莫离支虐杀其主：

《旧唐书·东夷列传》记载：『（贞观）十六年，西部大人盖苏文摄职有犯，诸大臣与建武议欲诛之。事泄，苏文乃悉召部兵，云将校阅，并盛陈酒馔于城南，诸大臣皆来临视。苏文勒兵尽杀之，死者百余人。焚仓库，因驰入王宫，杀建武，立建武弟大阳子藏为王。自立为莫离支，犹中国兵部尚书兼中书令职也，自是专国政。』③九夷：指东方的各民族。《后汉书·东夷传》中说：『夷有九种。曰：「畎夷、于夷、方夷、黄夷、白夷、赤夷、玄夷、风夷、阳夷。」』《尔雅·释地》『九夷』疏则指玄菟、乐浪、高骊、满饰、凫更、索家、东屠、倭人、天鄙。④吊伐：即吊民伐罪，慰问受害的百姓，讨伐有罪的人。⑤辽东：高丽在辽河以东，故称。⑥宋督遗鲁君以郜鼎：《左传·桓公二年》记载：『宋殇公立，十年十一战，民不堪命。孔父嘉为司马，督为大宰，故因民之不堪命，先宣言曰：「司马则然。」已杀孔父而弑殇公，召庄公于郑而立之，以亲郑。以郜大鼎赂公，齐、陈、郑皆有赂，故遂相宋公。夏四月，取郜大鼎于宋。戊申，纳于大庙。非礼也。臧哀伯谏曰：「君人者将昭德塞违，以临照百官，犹惧或失之。故昭令德以示子孙：是以清庙茅屋，大路越席，大羹不致，粢食不凿，昭其俭也。衮、冕、黻、珽，带、裳、幅、舄，衡、紞、纮、綖，昭其度也。藻、率、鞞、鞛，鞶、厉、游、缨，昭其数也。火、龙、黼、黻，昭其文也。五色比象，昭其物也。钖、鸾、和、铃，昭其声也。三辰旂旗，昭其明也。夫德，俭而有度，登降有数。文物以纪之，声明以发之，以临照百官，百官于是乎戒惧，而不敢易纪律。今灭德立违，而置其赂器于大庙，以明示百官，百官象之，其又何诛焉？国家之败，由官邪也。官之失德，宠赂章也。郜鼎在庙，章孰甚焉？武王克商，迁九鼎于雒邑，义士犹或非之，而况将昭违乱之赂器于大庙，其若之何？」公不听。』宋督：即华父督，春秋时宋国大臣。郜鼎：郜国所造之鼎。⑦昭德塞违：彰明美德，杜绝错误。《左传·桓公二年》孔颖达疏曰：『昭德，谓昭明善德，使德益彰闻也；塞违，谓闭塞违邪，使违命止息也。』⑧筐篚：盛物竹器，方曰筐，圆曰篚。代指礼物。

译文 贞观十八年（644年），唐太宗打算攻打高丽，高丽的莫离支派使臣前来贡奉白金。黄门侍郎褚遂良进谏说：『莫离支虐杀了自己的君主，为各族所不容，陛下因此兴兵讨伐，做的是吊民伐罪的事情，为辽东人报君主受辱之耻。古代讨伐弑君之罪，不接受他们的贿赂。当年宋国的华父督送给鲁国国君郜鼎，鲁桓公接受了放在太庙里，臧哀伯劝谏说：「做国君者应当彰明德行杜绝错误行为，如今灭绝德行树立错误行为，并且把他的赃物放在太庙之上，百官都来学习他，又能处罚谁呢？周武王消灭了殷商，把九鼎迁到了洛邑，正直的人还有人提出非议，更何况将彰明违逆作乱行为的赃物放在太庙里，为什么要这样做呢？」《春秋》这部书，是百代君王借鉴的法则，如果接受不守臣节之人的礼物，接纳弑君叛逆之人的朝贡，不认为是过错，还有什么理由可以讨伐叛逆呢？我认为莫离支所贡奉的东西，不应当接受。』唐太宗听从了他的建议。

评点 『君子爱财，取之有道。』义利之辨自古就是中国思想史上的一个重要话题，而中国传统主流的观点，便是重义轻利，不能为了获取利益而抛弃道义。

贞观十九年，高丽王高藏及莫离支盖苏文遣使献二美女，太宗谓其使曰：『朕悯此女离其父母兄弟于本国，若爱其色而伤其心，我不取也。』并却还之本国。

译文 贞观十九年（635年），高丽王高藏和莫离支盖苏文派使臣送来两个美女，唐太宗对高丽使臣说：『我怜悯这两名女子远离了故国的父母兄弟，如果爱她们的美貌而伤了她们的心，我是不会这样做的。』一并把她们退还本国。

评点　中国历史上，用美女送人自古就有企图迷惑别人心智、乱人之国的嫌疑，唐太宗自然也深知这一点，所以没有上当，同时还借此表明了自己的仁爱、恻隐之心。

辨兴亡第三十四

贞观初，太宗从容谓侍臣曰：『周武平纣之乱，以有天下；秦皇因周之衰，遂吞六国。其得天下不殊，祚运长短若此之相悬也？』尚书右仆射萧瑀进曰：『纣为无道，天下苦之，故八百诸侯不期而会。周室微，六国无罪，秦氏专任智力，蚕食诸侯。平定虽同，人情则异。』太宗曰：『不然，周既克殷，务弘仁义；秦既得志，专行诈力。非但取之有异，抑亦守之不同。祚之修短，意在兹乎！』

译文　贞观初年，唐太宗闲暇间对身边侍从的大臣说：『周武王平定商纣王之乱，于是拥有了天下；秦始皇乘周朝衰落之机，于是吞并了六国。他们在取得天下上没有什么不同，国运的长短为什么相差如此巨大呢？』尚书右仆射萧瑀进言说：『商纣王做的都是无道之事，人民因此而感到困苦，所以八百诸侯虽然没有约定却会师共同讨伐他。周王室衰微，六国没有罪过，秦国却一味使用智谋和暴力，蚕食诸侯。平定天下的结果虽然相同，但人民对他们的态度却不一样。』唐太宗说：『不是这样，周朝消灭殷商之后，一心弘扬仁义；秦朝心愿实现之后，一味推行智谋和暴力。不但在取天下上有差异，而且在守天下上也有不同。国运的长短，我想就是这个原因吧！』

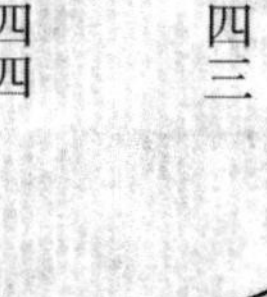

评点　历史发展总是连续的，现在必须在以前的基础上发展。因此，历史经验和知识对于现在有着重要的作用，以史为鉴始终是学习智慧的最好途径之一。在中国历史上，唐太宗李世民当属善于以史为鉴的一个典型。

贞观二年，太宗谓黄门侍郎王珪曰：『隋开皇十四年大旱，人多饥乏。是时仓库盈溢，竟不许赈给，乃令百姓逐粮。隋文不怜百姓而惜仓库，比至末年，计天下储积，得供五六十年。炀帝恃此富饶，所以奢华无道，遂致灭亡。炀帝失国，亦此之由。凡理国者，务积于人，不在盈其仓库。古人云：「百姓不足，君孰与足？」但使仓库可备凶年①，此外何烦储蓄！后嗣若贤，自能保其天下；如其不肖，多积仓库，徒益其奢侈，危亡之本也。』

注释　①凶年：荒年。

译文　贞观二年（628年），唐太宗对黄门侍郎王珪说：『隋朝开皇十四年时大旱，人民大多饥饿困乏。这时官府的仓库中都堆得满满的，竟然不同意对饥民进行赈济，而是让老百姓自己寻找粮食。隋文帝不怜惜人民而爱惜仓库，等到开皇末年，天下仓库中积攒的仓储，可以使用五六十年。隋炀帝依仗财物这样丰饶，所以奢侈无道，于是导致国家灭亡。隋炀帝失掉国家，这也是原因之一。治理国家，重要的是积累人心，而不在于填满仓库。古人说：「百姓不富足，国君怎么能富足？」只要使仓库能够有防范年成不好的储备就可以了，此外为什么还要有更多的储蓄呢！后代如果贤明，自然能够守住天下；如果不贤明，仓库中多多积累，只是增加他们的奢侈，这是国家危亡的本源啊。』

评点 唐太宗亲眼看到强大富足的隋朝仅仅二三十年间就垮台了，这给他留下了极深刻的印象，因此他经常和大臣们在一起讨论隋朝灭亡的原因，以从中吸取教训。

贞观五年，太宗谓侍臣曰：『天道福善祸淫，事犹影响①。昔启民②亡国来奔，隋文帝不吝粟帛，大兴士众营卫安置，乃得存立。既而强富，子孙不思念报德，才至始毕③，即起兵围炀帝于雁门。及隋国乱，又恃强深入，遂使昔安立其国家者，身及子孙，并为颉利④兄弟之所屠戮。今颉利破亡，岂非背恩忘义所至也？』群臣咸曰：『诚如圣旨。』

注释 ①影响：影子和回声，用以形容感应迅捷。如《尚书·大禹谟》有：『惠迪吉，从逆凶，惟影响。』孔安国传曰：『吉凶之报，若影之随形，响之应声，言不虚。』②启民：启民可汗，即东突厥突利可汗，难逃到隋后被封为启民可汗。③始毕：启民可汗的儿子始毕可汗。④颉利：启民可汗的三子、始毕可汗的弟弟颉利可汗。

译文 贞观五年（631年），唐太宗对身边侍从的大臣说：『天道的规律是给行善的人以保佑，给作恶的人以灾祸，感应迅速就如同影子和回声一样。当年启民可汗国家灭亡了前来投奔，隋文帝不吝惜粮食布帛，动用了大批人民和士兵来守卫安置他，他才得以生存发展。突厥富强之后，他的子孙不想想如何报答恩德，才到了始毕可汗，就起兵将隋炀帝围困于雁门。等到隋朝国家混乱之后，又依仗强大深入中原，于是使得当初那些帮助他们安家立国的人，到了子孙辈上时，都被颉利可汗兄弟所屠杀。如今颉利可汗破败灭亡，难道不是因为忘恩负义所导致的吗？』群臣都说：『的确像圣上所说的那样。』

评点 在中国传统哲学中，『天』是一个非常重要的概念。从内容上说，其含义十分丰富。把『天』当做最高主宰，认为它能够生成一切、统治一切，是中国古代天的基本含义之一。这一观念，既可以为统治者统治的合法性做论证，又可以提供一种神秘的力量来约束人民，所以备受历代统治者所青睐。

贞观九年，北蕃归朝人奏：『突厥内大雪，人饥，羊马并死。中国人在彼者，皆入山作贼，人情①大恶。』太宗谓侍臣曰：『观古人君，行仁义、任贤良则理；行暴乱、任小人则败。突厥所信任者，并共公等见之，略无忠正可取者。颉利复不忧百姓，恣情所为，朕以人事观之，亦何可久矣？』魏征进曰：『昔魏文侯问李克②：「诸侯谁先亡？」克曰：「吴先亡。」文侯曰：「何故？」克曰：「数战数胜，数胜则主骄，数战则民疲，不亡何待？」颉利逢隋末中国丧乱，遂恃众内侵，今尚不息，此其必亡之道。』太宗深然之。

注释 ①人情：民间风俗，社会风气。②李克：即战国时魏国的改革家李悝。

译文 贞观九年（635年），从北方民族区域回朝的人上奏说：『突厥境内下了大雪，人民遭受了饥荒，羊马等牲口都死了。中原人在那个地方的，都到山里做了贼寇，社会风气大为恶化。』唐太宗对身边侍从的大臣说：『看看古代的君主，施行仁义之道、任用贤良之人国家就能够治理好；施行暴乱之政、任用小人国家就会败亡。突厥所信任的，我们大家都看到了，没有一个忠诚正直值得称道的。再加上颉利可汗不把老百姓放在心上，任意妄为，我根据人之常情观察，怎么能够长久呢？』魏征进言说：『当年魏文侯问李克：「诸侯之中谁先灭亡？」李克说：「吴国先亡。」魏文侯问：「为什么呢？」李克说：「吴国屡战屡胜，屡屡胜利君主就会骄傲，屡屡从事战争人民就会疲困，不灭亡还等待什么呢？」颉利可汗趁隋朝末年中原混乱，于是依仗人马多而入侵内地，如今还不止息，这是必然灭亡之道啊。』唐太宗对此深表赞同。

评点 社会历史发展并非没有规律可循，从别人『吃一堑』中使自己『长一智』，是使自己少走弯路甚至歧途的重要途径。

贞观九年，太宗谓魏征曰：『顷读周、齐史，末代亡国之主为恶多相类也。齐主①深好奢侈，所有府库用之略尽，乃至关市无不税敛。朕常谓此犹如馋人自食其肉，肉尽必死。人君赋敛不已，百姓既弊，其君亦亡，齐主即是也。然天元②、齐主若为优劣？』征对曰：『二主亡国虽同，其行则别。齐主愞弱③，政出多门，国无纲纪，遂至亡灭。天元性凶而强，威福在己，亡国之事，皆在其身。以此论之，齐主为劣。』

注释 ①齐主：这里指北齐末代君主高纬。②天元：指北周末代君主宇文赟，自号天元皇帝。③愞弱：即懦弱。

译文 贞观九年（635年），唐太宗对魏征说：『近来我读北周和北齐的史书，末代亡国的君主作恶的情形都是

相似的。北齐君主特别喜欢奢侈，国家府库中的储备几乎让他用尽了，以至于关隘市集无不征收赋税。我常说这就如同嘴馋的人自己吃自己的肉，肉吃完了一定会死。君主征收赋税不知道休止，百姓一旦疲敝，君主也会灭亡，北齐君主就是这种情况。但是北周的天元皇帝和北齐的末代君主谁优谁劣？』魏征回答说：『二位君主亡国的结果虽然相同，但行为却有分别。北齐君主懦弱，政出多门，国家没有纲纪，于是导致灭亡。北周的天元皇帝生性凶暴强悍，作威作福独断专行，国家灭亡的结果，责任都在他身上。因此来说，北齐君主为劣。』

评点 向古人学习智慧，不但是学习他们留下来的知识和学问，还有一个重要的方面就是从历史的兴替、发展中总结经验教训，为今天的实践服务。

武德九年冬，突厥颉利、突利二可汗以其众二十万，至渭水便桥之北，遣酋帅①执矢思力入朝为觇②，自张声势云：『二可汗总兵百万，今已至矣。』乃请返命③。太宗谓曰：『我与突厥面自和亲④，汝则背之，我无所愧，何辄将兵入我畿县⑤，自夸强盛？我当先戮尔矣！』思力惧而请命⑥。萧瑀、封德彝等请礼而遣之，太宗曰：『不然。今若放还，必谓我惧。』乃遣囚之。太宗曰：『颉利闻我国家新有内难⑦，又闻朕初即位，所以率其兵众直至于此，谓我不敢拒之。朕若闭门自守，虏必纵兵大掠。强弱之势，在今一策。朕将独出，以示轻之，且耀军容，使知必战。事出不意，乖其本图，制服匈奴，在兹举矣。』遂单马而进，隔津与语，颉利莫能测。俄而六军继至，颉利见军容大盛，又知思力就拘，由是大惧，请盟而退。

注释

①酋帅：部落首领或叛乱者的首领。②觇：侦察，窥视。③返命：复命，回报。④和亲：指两方彼此友好亲善。⑤畿县：京都近旁的县份。⑥请命：请求保全性命。⑦内难：内乱，指玄武门兵变。

译文

武德九年（626年）冬，突厥的颉利和突利二可汗带领他们的部众二十万人，来到了渭水便桥以北，派部落首领执矢思力入朝窥探虚实，自己虚张声势说：『二位可汗统领兵马百万，如今已经到达了。』于是请求答复以回去复命。唐太宗说：『我和突厥当面亲自议定要友好亲善，你们则背弃了盟约，我扪心无愧，为什么率领兵马进入我的京城附近地区，还自夸强盛？我应当先把你杀掉！』执矢思力害怕了并请求保全性命。萧瑀、封德彝等人请求以礼送他回去，唐太宗说：『不能这样做。如果今天放他回去，他们一定认为我怕他们。』于是派人将其囚禁起来。唐太宗说：『颉利听说我们国家刚刚发生了内乱，又听说我刚刚即位，所以率领他的人马长驱直入到了这里，以为我不敢和他对抗。如果我闭门自守，敌人一定会放纵人马大肆劫掠。强弱之间的气势对比，就在于今天的一个决策。我将要一个人出去，来表明我们对他们的轻视，同时展示我们的军容，使其知道我们一定要迎战。做的事情出乎他们意料之外，挫败他们的本来意图，制服胡人，在此一举。』于是单人独骑出城，隔着渡口与突厥可汗答话，颉利猜不透他的意图。不久唐朝的六军相继到来，颉利看到唐军军容强盛，又知道了执矢思力已被囚禁，于是大为恐惧，请求结盟退还了。

评点

北方的突厥一直是唐太宗的心腹之患，也是唐太宗在对外政策中的重点。唐朝初年，与突厥在实力对比上还不占优势，因此只能够斗智斗勇，在气势上压倒对方，使敌人不敢轻易侵犯。

贞观初，岭南诸州奏言高州酋帅冯盎、谈殿阻兵①反叛。诏将军蔺謩发江、岭数十州兵讨之。秘书监魏征谏曰：『中国初定，疮痍未复，岭南瘴疠，山川阻深，兵运难继，疾疫或起，若不如意，悔不可追。且冯盎若反，即须及中国未宁，交结远人，分兵断险，破掠州县，署置官司。何因告来数年，兵不出境？此则反形未成，无容动众。陛下既未遣使人就彼观察，即来朝谒，恐不见明。今若遣使，分明晓谕，必不劳师旅，自致阙庭②。』太宗从之，岭表悉定。侍臣奏言：『冯盎、谈殿往年恒相征伐，陛下发一单使，岭外帖然。』太宗曰：『初，岭南诸州盛言盎反，朕必欲讨之，魏征频谏，以为但怀之以德，必不讨自来。既从其计，遂得岭表无事，不劳而定，胜于十万之师。』乃赐征绢五百匹。

①阻兵：依仗军队。②阙庭：即朝廷。

译文　贞观初年，岭南各州上奏说高州的地方首领冯盎、谈殿依仗兵力反叛。于是唐太宗下诏命将军蔺謩征发江南、岭南等数十州的兵马讨伐他们。秘书监魏征劝谏说：『中原刚刚安定，在创伤灾难中还没有复原，岭南瘴疠之地，山川重重阻隔，军队人马和物资的运输难以接继，疫病可能会发生，如果出兵达不到预期目的，后悔也来不及了。况且冯盎如果想造反，一定会在中原没有安定的时候，结交远方的民族，分兵阻断险要之处，攻打劫掠州县，设置官署衙门。为什么上告的消息来了数年，他们的兵马还没有离开自己的边境？这是造反的形迹还没有出现，不需要兴师动众。陛下既然没有派人到他那里去观察情形，即使招他前来入朝拜见，恐怕也不能使事情分明。如今如果派遣使节，把朝廷的意思明白地告诉他，一定不用再劳烦军队，他自己就会到朝廷来归顺。』唐太宗接受了他的建议，岭南地区都平定了。侍从的大臣说：『冯盎、谈殿往年的时候一直相互攻打，陛下派了一个使节，岭南地区就平定。』唐太宗说：『开始的时候岭南各州都说冯盎反了，我下定决心要去讨伐他，魏征频频进谏，认为只要用恩德来进行安抚，一定不用征讨就会自己前来归顺。接受了他的计策之后，于是使得岭南平安无事，不用劳师动众就平定了，胜于十万人马。』于是赐给魏征绢帛五百匹。

评点　俗话说：『众口铄金。』流言的力量是巨大的，『人言可畏』的道理几乎无人不知。因此，我们在评价做决定的时候，应该在必要的时候听听别人的意见，但也决不能别人说什么自己就相信什么，而是要经过自己的判断，才能做出科学的结论。这也是摆脱流言的控制，不要误中了流言的圈套的基本方法。

贞观四年，有司上言：『林邑蛮国，表疏不顺，请发兵讨击之。』太宗曰：『兵者凶器，不得已而用之。故汉光武云：「每一发兵，不觉头须为白。」自古以来穷兵极武，未有不亡者也。苻坚自恃兵强，欲必吞晋室，兴兵百万，一举而亡。隋主亦必欲取高丽，频年劳役，人不胜怨，遂死于匹夫之手。至如颉利，往岁数来侵我国家，部落疲于征役，遂至灭亡。朕今见此，岂得辄即发兵？但经历山险，土多瘴疠，若我兵士疾疫，虽克剪此蛮，亦何所补？言语之间，何足介意！』竟不讨之。

译文　贞观四年（630年），有关部门上疏说：『林邑这个蛮夷小国，表章奏疏中有不顺从的言论，请求发兵讨伐他们。』唐太宗说：『兵器是危险的东西，不得已的时候才使用。所以汉光武帝说：「每一次发兵，不觉得头发和胡须都白了。」自古以来穷兵黩武，没有不灭亡的。苻坚自己依仗兵马强壮，决心吞并东晋，发兵百万，结果自己一举灭亡。隋炀帝也决心征服高丽，连年征发兵役徭役，人民怨愤不已，于是死于普通百姓之手。至于像颉利可汗，往年多次侵犯我们国家，部落因征发劳役而疲敝不堪，于是导致了灭亡。我如今看到了这种形势，怎么能够动不动就发兵呢？况且要经过高山险阻，很多地方是瘴疠之地，如果我的士兵发生瘟疫，即使消灭了这个蛮夷之国，又有什么益处呢？言语之间的事情，怎么值得介意呢！』最终没有前去征讨。

评点 贞观初年，唐太宗为了国内的安定和发展，还是很注意兵戈之事的，可惜晚年的时候随着骄傲情绪的滋长，战事变得频繁。

贞观五年，康国①请归附。时太宗谓侍臣曰：『前代帝王，大有务广土地，以求身后之虚名，无益于身，其民甚困。假令于身有益，于百姓有损，朕必有为，况求虚名而损百姓乎？康国既来归朝，有急难不得不救；兵行万里，岂得无劳于民？若劳民求名，非朕所欲。所请归附，不须纳也。』

注释 ①康国：西域古国名。

译文 贞观五年（631年），康国请求归附。当时唐太宗对身边侍从的大臣说：『以前的帝王，很多都追求拓展土地，以追求死后的虚名，对自身无益，人民也因此而很困顿。如果对自身有益，对百姓有损害，我一定不会去做，况且是追求虚名而损害百姓呢？康国既然前来归附，有急切的困难时则不得不救助；人马行军万里，怎么能够不给老百姓造成劳顿呢？如果通过劳顿人民以求取名声，这不是我打算做的。请求归附的事情，不要接受。』

评点 唐仲友评价此事说：『古代对待极边远的国家，都正是这样的。唐太宗如果将他对待康国的政策推广到其他国家，不是更好吗？可惜的是他没有都这样做啊。』范祖禹也感叹说：『如果让唐太宗做事一直如此，他的盛德也许可以少一些贬损吧？』

贞观十四年，兵部尚书侯君集伐高昌，及师次柳谷①，候骑②言：『高昌王麴文泰死，克日③将葬，国人咸集，以二千轻骑袭之，可尽得也。』副将薛万均、姜行本皆以为然。君集曰：『天子以高昌骄慢，使吾恭行天诛。乃于墟墓④间以袭其葬，不足称武⑤，此非问罪之师⑥也。』遂按兵以待葬毕，然后进军，遂平其国。

注释 ①柳谷：西域地名，在今新疆吐鲁番附近。②候骑：担任侦察巡逻任务的骑兵。③克日：约定日期。④墟墓：坟地，墓地。⑤武：指使用武力所应遵守的道义准则。如《左传·僖公三十年》：『因人之力而敝之，不仁。失其所与，不知。以乱易整，不武。』⑥问罪之师：讨伐犯罪者的军队。

译文 贞观十四年（640年），兵部尚书侯君集攻打西域的高昌国，人马驻扎到柳谷之后，担任侦察巡逻任务的骑兵说：『高昌王麴文泰死了，已经约定了日期举行葬礼，整个国家的人都会聚集到一起，用两千轻骑兵前往袭击，可以把他们都俘获。』副将薛万均、姜行本都认为这个建议可行。侯君集说：『天子因为高昌骄横傲慢，派我奉行天意代为讨伐。于坟墓之间在他们举行葬礼时进行袭击，不符合用兵的道义准则，这样做称不上是讨伐罪人的军队。』于是按兵不动等待葬礼结束，然后才进军，于是平定了这个国家。

评点 因为双方力量对比悬殊，所以侯君集才从容的展示自己的仁德和道义。然而兵不厌诈，如果双方势均力敌，这种处置方式恐怕要成为另外一个宋襄公。

贞观十六年，太宗谓侍臣曰：『北狄世为寇乱①，今延陀倔强②，须早为之所。朕熟思之，惟有二策：选徒③十万，击而虏之，涤除凶丑④，百年无患，此一策也。若遂其来请，与之为婚媾。朕为苍生父母，苟可利之，岂惜一女！北狄风俗，多由内政⑤，亦既生子，则我外孙，不侵中国，断可知矣。以此而言，边境足得三十年来无事。举此二策，何者为先？』司空房玄龄对曰：『遭隋室大乱之后，户口太半未复，兵凶战危，圣人所慎，和亲之策，实天下幸甚。』

注释 ①寇乱：侵扰。②延陀：这里指薛延陀，中国北方古代民族，原为铁勒诸部之一，由薛、延陀两部合并而成。倔强：强硬不屈服。③徒：步兵，泛指兵卒。④涤除：清除。凶丑：凶恶不善之人。⑤内政：家内或宫内的事务，借指妻子。

译文 贞观十六年（642年），唐太宗对身边侍从的大臣说：『北方的民族世世代代都侵扰我们，如今薛延陀强硬不屈服，需要尽早对其进行处理。我经过深入思考，只有两个办法：挑选十万兵卒，击败并且控制他们，清除凶恶不善之人，使百年之内没有忧虑，这是一个办法。如果答应他们的请求，与他们结为婚姻。我作为天下百姓的父母，如果真的对百姓有利，怎么会爱惜一个女儿呢！北方民族的风俗，国事的处理多根据妻子的意见，等到生了儿子之后，也是我的外孙，不会侵犯中原，也是断然可知的。因此来说，边境上至少可以保持三十年无事。上述两个办法，哪一个更好呢？』司空房玄龄回答说：『刚刚经过隋朝大乱之后，人口大半还没有恢复，兵器凶恶战争危险，是圣人非常慎重的，和亲的办法，实在是天下的幸事。』

评点 『和亲』是中国古代处理少数民族问题的一个常用的办法，因为夷狄有别，所以这种做法也往往受到人们的非议，因此一般只是作为权宜之计来使用。

贞观十七年，太宗谓侍臣曰：『盖苏文弑其主而夺其国政，诚不可忍。今日国家兵力，取之不难，朕未能即动兵众，且令契丹、靺鞨搅扰之，何如？』房玄龄对曰：『臣观古之列国，无不强陵弱，众暴寡。今陛下抚养苍生，将士勇锐，力有余而不取之，所谓「止戈」为「武」①者也。昔汉武帝屡伐匈奴，隋主三征辽左②，人贫国败，实此之由，惟陛下详察。』太宗曰：『善！』

注释 ①「止戈」为「武」：「武」的字形是「止」字加「戈」字，即止息战争之意。②辽左：即辽东，这里指高丽。

译文 贞观十七年（643年），唐太宗对身边侍从的大臣说：『盖苏文杀了他的君主并夺取了国家的大权，实在无法容忍。如今我国的兵力，打败他并不困难，但我不能马上动兵，暂时让契丹人和靺鞨人搅扰他们，这样做怎么样？』房玄龄回答说：『我看古代的各个国家，无不是强国欺负弱国，大国打击小国。如今陛下安抚养育天下百姓，将士勇猛精锐，力量有余而不打败他，这就是「止息战争」就是「武」的意思。当年汉武帝屡次攻打匈奴，隋炀帝三次征伐高丽，弄得人民贫穷国家败亡，的确都是这个原因啊，希望陛下认真思考。』唐太宗说：『好！』

评点 穷兵黩武者轻则衰乱，重则灭亡。贞观年间连年对四方的突厥、吐谷浑、高丽等用兵，给国家和人民带来了沉重的负担，所以房玄龄才有这样的担心。

贞观十八年，太宗以高丽莫离支贼杀其主，残虐其下，议将讨之。谏议大夫褚遂良进曰：『陛下兵机①神算，人莫能知。昔隋末乱离，克平寇难，及北狄侵边，西蕃失礼，陛下欲命将击之，群臣莫不苦谏，惟陛下明略独断，卒并诛夷。今闻陛下将伐高丽，意皆荧惑。然陛下神武英声，不比周、隋之主，兵若渡辽，事须克捷，万一不获，无以威示远方，必更发怒，再动兵众。若至于此，安危难测。』太宗然之。

注释 ①兵机：用兵的智谋。

译文 贞观十八年（644年），唐太宗因为高丽的莫离支残忍地谋杀了他的君主，又残酷暴虐地对待臣民，商量打算讨伐他。谏议大夫褚遂良进言说：『陛下用兵智谋神妙，没有人能够事先猜透。从前隋朝末年天下混乱，陛下平定了祸乱，以及北方民族在边境的入侵，西方的蕃国违背礼度，陛下打算派将讨伐，群臣没有不苦苦劝谏的，只有陛下谋略高明力排众议独立决断，终于把他们全部讨平。如今听说陛下将要讨伐高丽，众人心里都感到迷惑。然而陛下英明神武美名远扬，与北周、北齐的君主不能相提并论，兵马如果渡过辽河，战事必须取胜，万一失利，将没法以威名示于远方的民族，一定会更加发怒，再次兴兵。如果到了这个地步，安危就难以预测了。』唐太宗表示赞同。

评点 『智者之虑，杂于利害。』人们做事的时候，经常会只想着将要得到的利益，而忽略或者低估了行动中可能会出现的风险。刘邦正是犯了这样的错误，结果铸成大错，差一点命丧白登山。

贞观十九年，太宗将亲征高丽，开府仪同三司尉迟敬德奏言：『车驾①若自往辽左，皇太子又监国定州，东西二京②，府库所在，虽有镇守，终是空虚，辽东路遥，恐有玄感之变③。且边隅小国，不足亲劳万乘。若克胜，不足为武，倘不胜，翻为所笑。伏请委之良将，自可应时摧灭。』太宗虽不从其谏，而识者是之。

注释 ①车驾：帝王所乘的车，用为帝王的代称。②东西二京：指东都洛阳和西京长安。③玄感之变：指隋朝末年，杨玄感趁隋炀帝东征高丽之际，在黎阳发动兵变叛乱。

译文 贞观十九年（645年），唐太宗打算亲自征讨高丽，开府仪同三司尉迟敬德上奏说：『陛下如果亲自到辽东去，皇太子又在定州监国，东都和西京，是国家的仓廪之所在，虽然有人镇守，终归还是空虚，辽东路途遥远，怕有隋末杨玄感那样的变故。况且一个边疆小国，不足以亲自劳烦万乘之尊。如果取胜，不足以称得上武德，如果不胜，反而被人笑话。我希望您派一名良将，自然就可以随时消灭它。』唐太宗虽然没有听从他的劝谏，但有见识的人认为尉迟

敬德说得有理。

评点 晚年的唐太宗热衷武力，甚至不听别人劝谏，这也是后人对他非议较多的一个方面。

礼部尚书江夏王道宗从太宗征高丽，诏道宗与李勣为前锋，及济辽水克盖牟城，逢贼兵大至，军中佥①欲深沟保险②，待太宗至，徐进。道宗议曰：『不可，贼赴急远来，兵实疲顿，恃众轻我，一战可摧。昔耿弇不以贼遗君父，我既职在前军，当须清道以待舆驾。』李勣大然其议。乃率骁勇数百骑，直冲贼阵，左右出入，勣因合击，大破之。太宗至，深加赏劳。道宗在阵损足，帝亲为针灸，赐以御膳。

注释 ①佥：都，皆。②保险：据守险要之处。

译文 礼部尚书江夏王李道宗跟随唐太宗征伐高丽，唐太宗下令李道宗和李勣为先锋，等到他们渡过辽水攻克盖牟城之后，恰好敌人大批人马到来，军中将士都打算挖深壕沟据守险要之处以防守，等唐太宗来，再慢慢进军。李道宗建议说：『不能这样做，敌人远道而来解救危困，兵马其实已经很疲惫，同时依仗自己人马多而轻视我们，一战可以将他们击垮。当年东汉的耿弇不把敌人留给君王，我既然职责是作为先锋，应当清理道路以等待天子的车驾到来。』李勣对他的建议深表赞同。于是让李道宗率领几百骁勇骑兵，直冲敌人的阵地，左冲右突，李勣于是与他合击，大败敌军。唐太宗到了，对他们大加赏赐和慰劳。李道宗在沙场上伤了脚，唐太宗亲自为他针灸，并赐给他御膳。

评点 李道宗可谓深得用兵之道。正如《孙子兵法》中所说：用兵作战，要乘敌混乱之机战胜它，即乘敌之危，就势取胜。机不可失，时不再来，如果让机会白白溜走了，后悔也就没有用处了。

太宗《帝范》①曰：『夫兵甲者，国家凶器也。土地虽广，好战则民凋；中国虽安，忘战则民殆。凋非保全之术，殆非拟寇②之方，不可以全除，不可以常用。故农隙讲武，习威仪也；三年治兵③，辨等列也。是以勾践轼蛙④，卒成霸业；徐偃弃武，终以丧邦。何也？越习其威，徐忘其备也。孔子曰：「以不教民战，是谓弃之⑤。」故知弧矢⑥之威，以利天下，此用兵之职也。』

注释 ①《帝范》：唐太宗李世民所撰的一部著作，主要阐述为君之道。②拟寇：即御寇。③治兵：指在秋季进行的练兵仪式，后泛指练兵。④勾践轼蛙：《吴越春秋·勾践伐吴外传》记载，越王勾践将伐吴，『恐军士畏法不使，自谓未能得士之死力，道见蛙张腹而怒，将有战争之气，即为之轼。其士卒有问于王曰：「君何为敬蛙虫而为之轼？」勾践曰：「吾思士卒之怒久矣，而未有称吾意者。今蛙虫无知之物，见敌而有怒气，故为之轼。」于是军士闻之，莫不怀心乐死，人致其命。』轼：古代设在车箱前供立乘者凭扶的横木，这里指伏轼致敬。⑤以不教民战，是谓弃之：出自《论语·子路》。⑥弧矢：弓箭，代指武功、武备。

译文 唐太宗《帝范》中说：『武器盔甲，对于国家来说是凶险之器。土地虽然广大，喜好战争人民就会凋敝；

国家虽然安定，忽视战备人民就会懈怠。人民凋敝不是保全国家的方法，人民懈怠也不是抵御敌人的办法，既不可以完全抛弃，也不可以经常使用。所以农闲的时候讲习武事，是为了熟习威仪；每三年一练兵，是为了辨明等级队列。所以越王勾践伏轼向青蛙致敬，最终成就了霸业；徐偃王放弃武备，最终使国家灭亡。为什么这样呢？就是因为越国熟习威仪，徐国忽视武备。孔子说：「用没有经过训练的人民作战，就是抛弃他们。」因此可知武备的威力，在于利益天下，这是用兵的目的之所在。」

评点 《孙子兵法》开篇便说：『兵者，国之大事，死生之地，存亡之道，不可不察也。』提出了军事和战争对于一个国家的重要性，认为战争关系到国家的存亡和人民的生死，必须十分谨慎，不要将它当作儿戏。『自古知兵非好战。』穷兵黩武只能成为自取灭亡之道。

贞观二十二年，太宗将重讨高丽。是时，房玄龄寝疾①增剧，顾谓诸子曰：『当今天下清谧②，咸得其宜，惟欲东讨高丽，方为国害。吾知而不言，可谓衔恨入地。』遂上表谏曰：

臣闻兵恶不戢，武贵止戈。当今圣化所覃③，无远不暨。上古所不臣者，陛下皆能臣之；所不制者，皆能制之。详观古今，为中国患害，无过突厥。遂能坐运神策，不下殿堂，大小可汗，相次束手④，分典禁卫，执戟行间⑤。其后延陀鸱张⑥，寻就夷灭，铁勒⑦慕义，请置州县，沙漠已北，万里无尘⑧。

至如高昌叛涣⑨于流沙，吐浑首鼠⑩于积石，偏师薄伐⑪，俱从平荡。高丽历代逋诛⑫，莫能讨击。陛下责其逆乱，杀主虐人，亲总六军，问罪辽碣⑬。未经旬日，即拔辽东，前后虏获，数十万计，分配诸州，无处不满。雪往代之宿耻，掩崤陵之枯骨⑭，比功校德，万倍前王。此圣主所自知，微臣安敢备说。

且陛下仁风被于率土⑮，孝德彰于配天。睹夷狄之将亡，则指期数岁；授将帅之节度，则决机万里。屈指而候驿，视景而望书，符应若神，算无遗策⑯。擢将于行伍之中，取士于凡庸之末。远夷单使，一见不忘；小臣之名，未尝再问。箭穿七札⑰，弓贯六钧⑱。加以留情坟典，属意篇什⑲，笔迈钟、张⑳，词穷贾、马㉑。文锋既振，则宫徵自谐；轻翰㉒暂飞，则花葩㉓竞发。抚万姓以慈，遇群臣以礼。褒秋毫之善，解吞舟㉔之网。逆耳之谏必听，肤受之诉㉕斯绝。好生之德，禁障塞于江湖；恶杀之仁，息鼓刀于屠肆㉖。凫鹤荷稻粱之惠，犬马蒙帷盖之恩。降尊吮思摩之疮㉗，登堂临魏征之柩。哭战亡之卒，则哀动六军；负填道之薪，则情感天地。重黔黎之大命㉘，特尽心于庶狱㉙。臣心识昏愦，岂足论圣功之深远，谈天德之高大哉？陛下兼众美而有之，靡不备具，微臣深为陛下惜之重之，爱之宝之。

贞观政要精注精译精评

《周易》曰㉚：『知进而不知退，知存而不知亡，知得而不知丧。』又曰：『知进退存亡，而不失其正者，其惟圣人乎！』由此言之，进有退之义，存有亡之机，得有丧之理，老臣所以为陛下惜之者，盖谓此也。《老子》曰：『知足不辱，知止不殆。』臣谓陛下威名功德，亦可足矣；拓地开疆，亦可止矣。彼高丽者，边夷贱类，不足待以仁义，不可责以常理。古来以鱼鳖畜之，宜从阔略㉛。必欲绝其种类，深恐兽穷则搏。且陛下每决死囚，必令三覆五奏，进素食，停音乐者，盖以人命所重，感动圣慈也。况今兵士之徒，无一罪戾，无故驱之于战阵之间，委之于锋刃之下，使肝脑涂地，魂魄无归，令其老父孤儿、寡妻慈母，望轊车㉜而掩泣，抱枯骨而摧心㉝，足变动阴阳，感伤㉞和气，实天下之冤痛也。且兵，凶器；战，危事，不得已而用之。向使高丽违失臣节，而陛下诛之可也；侵扰百姓，而陛下灭之可也；久长能为中国患，而陛下除之可也。有一于此，虽日杀万夫，不足为愧。今无此三条，坐烦中国，内为旧主雪怨，外为新罗报仇，岂非所存者小，所损者大？

愿陛下遵皇祖老子㉟止足之诫，以保万代巍巍之名。发霈然㊱之恩，降宽之大诏，顺阳春㊲以布泽，许高丽以自新，焚凌波之船，罢应募之众，自然华夷庆赖㊳，远肃迩安。臣老病三公，朝夕入地，所恨竟无尘露，微增海岳。谨罄残魂余息，豫代结草㊴之诚。倘蒙录此哀鸣㊵，即臣死骨不朽。』

太宗见表，叹曰：『此人危笃如此，尚能忧我国家。』虽谏不从，终为善策。

注释

①寝疾：卧病。②清谧：清静，安宁。③覃：遍及，广施。④束手：捆绑双手，比喻无计可施或停止抵抗。⑤行间：行伍之间，指军中。⑥鸱张：像鸱鸟张翼一样，比喻嚣张，凶暴。⑦铁勒：古代北方民族名。汉代时称丁零，北魏时称敕勒或铁勒。隋唐时铁勒各部分布于东至独洛河（今土拉河）以北、西至西海（今里海）的广大地区，分属东、西突厥。其漠北十五部中以薛延陀与回纥最为强大。⑧无尘：没有征尘，指安定，没有战事。⑨叛涣：凶暴跋扈。⑩首鼠：反复无常，进退不定。《北史·氐吐谷浑等传论》中说：『氐、羌、吐谷浑等曰殊俗，别处边陲，考之前代，屡经叛服，窥觇首鼠，盖其本性。』⑪偏师：指主力军以外的部分军队。薄伐：征伐，征讨。⑫逋诛：逃避诛罚。⑬辽碣：辽东和碣石，二者都临近渤海。⑭崤陵之枯骨：指阵亡将士的尸骨。崤陵，即崤山，在河南省洛宁县北，为古代军事要地。公元前627年，晋国曾经在此地大败秦军。公元前624年秦军攻晋至此地，晋军不出，秦军掩埋上次战役阵亡将士的尸骨而还。⑮仁风：如风一样流布的仁德，多用以颂扬帝王或地方长官的德政。率土：『率土之滨』之省，谓境域之内。⑯算：计划，谋划。遗策：失策，失算。⑰七札：七层铠甲。札：甲的叶片。⑱弓贯六钧：张满弓用力六钧。贯：音wān，通『弯』，张满弓。六钧：出自《左传·定公八年》：『士皆坐列，曰：「颜高之弓六钧。」皆取而传观之。』杜预注曰：『颜高，鲁人。三十斤为钧，六钧百八十斤。古称重，故以为异强。』⑲篇什：《诗经》的『雅』和『颂』以十篇为一什，所以诗章又称『篇什』。⑳钟、张：指书法家钟繇、张芝。㉑贾、马：指汉代的贾谊、司马相如，均擅长辞赋。㉒轻翰：指毛笔。㉓花葩：花朵。㉔吞舟：能吞舟的大鱼，常以喻人事之大者。出自《庄

子·庚桑楚》：『吞舟之鱼，砀而失水，则蚁能苦之。』㉕肤受之诉：指谗言。出自《论语·颜渊》：『浸润之谮，肤受之愬，不行焉，可谓明也已矣。』肤受：一说为浮泛不实，如邢昺《论语》疏曰：『皮肤受尘，垢秽其外，不能入内也。以喻谮毁之语，但在外萋斐，构成其过恶，非其人内实有罪也。』一说为利害切身。如朱熹《论语集注》：『肤受，谓肌肤所受，利害切身。』㉖鼓刀：敲击刀子的声音。宰杀牲畜时敲击其刀，使之发声，所以常用以代指屠杀牲畜。屠肆：屠宰场，肉铺。㉗降尊吮思摩之疮：指贞观十九年（645年）征伐高丽时，将军李思摩被流矢射中，李世民亲自为他吮吸伤口。㉘黔黎：黔首黎民，指百姓。大命：性命，生命。㉙庶狱：各种刑狱诉讼之事。㉚《周易》曰：下面两段引文均出自《周易·文言》。㉛阔略：宽恕，宽容。㉜輴车：运载灵柩的车子。輴：音wèi，通『楷』，小棺。㉝摧心：指极度伤心。㉞感伤：触犯，损伤。㉟皇祖老子：唐朝将同为李姓的老子尊为自己的祖先。㊱霈然：原指雨雪充沛貌，比喻赐予盛大的恩泽。㊲阳春：比喻德政、恩泽。㊳庆赖：出自《尚书·吕刑》：『一人有庆，兆民赖之。』后以『庆赖』指庆幸得到依靠。㊴结草：出自《左传·宣公十五年》：『魏武子有嬖妾，无子。武子疾，命颗（武子之子）曰：「必嫁是。」疾病，则曰：「必以为殉。」及卒，颗嫁之，曰：「疾病则乱，吾从其治也。」及辅氏之役，颗见老人结草以亢杜回，杜回踬而颠，故获之。夜梦之曰：「余，而所嫁妇人之父也。尔用先人之治命，余是以报。」』后以『结草』比喻受厚恩而虽死犹报。㊵哀鸣：出自《论语·泰伯》：『鸟之将死，其鸣也哀；人之将死，其言也善。』后以『哀鸣』比喻将死者的善言。

译文 贞观二十二年（648年），唐太宗打算再次讨伐高丽。这时，房玄龄病情加重，对儿子们说：『当今天下安宁，各方面都很恰当，只有打算东征高丽，将成为有害于国家之事。我知道而不说，可以说是要含恨而死了。』于是

上表劝谏说：

我听说兵事忌讳没有休止，武功贵在止息战争。当今圣德教化所及，没有任何偏远之地影响不到。上古时期所没有臣服的地区，陛下都能让他们臣服；所没有控制的地区，都能够加以控制。详察古今，成为中国的忧患和祸害的，没有哪个民族超过突厥。可陛下仍能够安坐庙堂之上制定出高妙的谋划，没有离开殿堂，突厥的大小可汗，相继投降，分别让他们司职朝廷的禁卫，拿着武器在我们的军中服役。随后薛延陀嚣张凶暴，不久就被消灭，铁勒族仰慕陛下的仁义，请求在他们的地区设置州县，沙漠以北地区，方圆万里没有征尘。至于像高昌在沙漠地区凶暴跋扈，吐谷浑在积石山一带反复无常，派一只偏师前往征讨，都把他们一举荡平。高丽历代逃避诛罚，没有能够对他们讨伐打击。陛下责怪其叛逆暴乱，杀害君主虐待人民，亲自率领六军，逼近高丽前往问罪。不过十天，就将其攻克，前后俘获的人数，数以十万计，分配到各个州郡，没有一个州不满额。洗雪了历代积累的耻辱，掩埋以前在此阵亡将士的尸骨，比较功德，万倍于前代的君主。这都是圣明的君主自己知道的，微臣怎么敢一一细说。

况且陛下如风一般流布的仁德施及四境之内，孝敬的德行彰显可与上天之德相匹配。看到夷狄的国家将要灭亡，那么就能够推算出需要几年的时间；授权将帅指挥军队，那么就能够在万里之外进行决策。扳着指头等候使者，看着日影盼望书报，就如同神明一样完全准确，计划从来没有失策。从士卒之间提拔将领，从凡俗之间选拔贤士。远方的民族派来的使节，见一次就不会忘记；普通小吏的名字，从来没有问过第二次。射出的箭能穿透七层铠甲，拉开的弓力量能达到六钧，再加以留心典籍，着意诗篇，书法超过钟繇、张芝，辞赋压倒贾谊、司马相如。文锋已经显露，那么音律自然和谐；毛笔一经飞扬，那么百花竞相开放。用仁慈抚养百姓，用礼节对待群臣。褒扬细微善行，法网无限宽大。逆耳

的劝谏一定会听，谗言一定会断绝。有爱护生命的美德，禁止在江湖中设置障碍；有厌恶杀生的仁慈，制止在肉铺中宰杀牲畜。飞禽承受稻粱喂养的恩惠，犬马蒙受帷幔遮盖的恩典。屈尊为李思摩吮吸伤口，登堂到魏征灵柩之前哭泣。为阵亡的将士痛哭，那么哀痛就会感动六军；亲自背柴草填平道路，那么真情就能感动天地。重视老百姓的生命，在刑狱诉讼之事上特别尽心尽力。我内心的见识昏昧，怎么能够完全谈到圣上功劳的深远，谈论天子品德的高大？陛下具有各种美德，无一不完备，我深为陛下珍惜重视，爱护珍视。

《周易》中说：『知道前进而不知道后退，知道生存而不知道灭亡，知道获得而不知道丧失。』又说：『知道前进、后退、生存、灭亡，并且不偏离正道的人，只有圣人吧！』因此可以说，前进中有后退的意义，生存中有灭亡的可能，获得中有丧失的道理，我之所以为陛下感到珍惜，就是说的这个道理。《老子》中说：『知道满足就不会有耻辱，知道停止就不会有失败。』我认为陛下的威名和功德，也是可以满足的了；拓展的土地和开辟的疆域，也是可以停止的了。高丽，边疆地区的一个劣等民族，不足以用仁义来对待他们，不能够用常理来要求他们。自古以来就把他们当鱼鳖一样来养育，应当本着宽容的原则。如果一定要灭绝他们的种族，则深恐野兽被逼急了还要拼死搏斗。况且陛下每次判决死刑犯，一定要让三次回复五次上奏，吃素食，停止音乐，原因就在于人命是很重大的事情，感到了陛下的仁慈之心。何况如今的这些士兵们，没有一个人是有罪过的，无故把他们驱赶到战阵之中，委派到刀锋之下，让他们肝脑涂地，魂魄在异乡无依无靠，让他们老父、孤儿、寡妻、慈母，看着运载灵柩的车子而掩面哭泣，抱着亲人的枯骨而撕心裂肺，足以使阴阳发生异常变化，损伤天地间的和谐之气，实在是天下让人感到冤屈和悲痛的事情啊。同时，兵器，是凶险之器；战事，是危险之事，不得已的事情才使用。如果高丽违背了做臣子的礼节，则陛下诛罚他们是可以的；如果高丽侵扰百

姓，则陛下消灭他们是可以的；如果高丽长久地会作为中国的祸害而存在，则陛下剪除他们是可以的。这三条中有一条，即使每天杀掉万人，也不足以感到惭愧。如今没有这三条原因中的任何一条，无故烦劳中国，对内为其原来的君主洗雪怨恨，对外为新罗报仇，难道不是所获得的太小，所损失的太大吗？

希望陛下能够遵照祖先老子『知道满足就不会有耻辱，知道停止就不会有失败』的告诫，以保持百代崇高的美名。施行盛大的恩泽，降下宽大的诏令，顺应德政的要求来布下恩泽，允许高丽改过自新，烧掉渡过波涛的船只，解散应召而来的士卒，自然华夏和夷狄都庆幸有了依靠，远方安宁近处稳定。我是年老多病的三公，早晚就可能入土，所遗憾的是没有微尘和滴露，以稍微对大海和高山有所增益。恭敬地竭尽残余的一点精神和气息，打算代替结草报恩的一点诚心。如果蒙恩采纳了我这个将死者的善言，我死了之后也会使尸骨因此而不朽。

唐太宗看到表章，感叹道：『这个人病到如此严重的程度，竟然还能够为我的国家之事而忧心。』虽然最终没有听从他的劝谏，但这终归还是一个好的建议。

评点 老子说：『夫唯兵者，不祥之器，物或恶之，故有道者不处。』（《老子·三十一章》）『以道佐人主者，不以兵强天下。』（《老子·三十章》）『用兵有言，吾不敢为主而为客，不敢进寸而退尺。』（《老子·六十九战》）孔子对待战争同样极为谨慎，『子之所慎：齐、战、疾。』（《论语·述而》）面对春秋时期诸侯之间相互征伐的局面，他无奈地说：『天下有道，则礼乐征伐自天子出；天下无道，则礼乐征伐自诸侯出。』（《论语·季氏》）可见，『慎战』是各个学派有识之士的共识。

贞观二十二年，军旅亟[1]动，宫室互兴，百姓颇有劳弊。充容[2]徐氏上疏谏曰：

贞观已来，二十有余载，风调雨顺，年登岁稔，人无水旱之弊，国无饥馑之灾。昔汉武帝，守文之常主，犹登刻玉之符[3]；齐桓公，小国之庸君，尚涂泥金之事[4]。望陛下推功损己，让德不居。亿兆倾心，犹阙告成之礼；云、亭伫[5]谒，未展升中[6]之仪。此之功德，足以咀嚼[7]百王，网罗千代者矣。然古人有云：『虽休勿休。』良有以也。守初保末，圣哲罕兼。是知业大者易骄，愿陛下难之；善始者难终，愿陛下易之。

窃见顷年以来，力役兼总[8]，东有辽海之军，西有昆丘之役[9]，士马疲于甲胄，舟车倦于转输[10]。且召募役戍，去留怀死生之痛；因风阻浪，人米有漂溺[11]之危。一夫力耕，年无数十之获；一船致损，则倾覆数百之粮。是犹运有尽之农功，填无穷之巨浪；图未获之他众，丧已成之我军。虽除凶伐暴，有国常规，然黩武玩兵，先哲所戒。昔秦皇并吞六国，反速危祸之基；晋武奄有三方[12]，翻成覆败之业。岂非矜功恃大，弃德轻邦，图利忘害，肆情纵欲？遂使悠悠[13]六合，虽广不救其亡；嗷嗷[14]黎庶，因弊以成其祸。是知地广非常安之术，人劳乃易乱之源。愿陛下布泽流仁，矜弊恤乏，减行

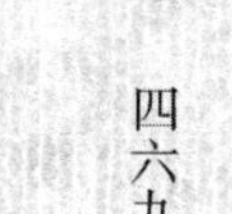

役[15]之烦，增雨露之惠。

妾又闻为政之本，贵在无为。窃见土木之功，不可遂兼。北阙初建，南营翠微，曾未逾时[16]，玉华创制，非惟构架之劳，颇有功力之费。虽复茅茨示约，犹兴木石之疲。假使和雇[17]取人，不无烦扰之弊。是以卑宫菲食，圣王之所安；金屋瑶台，骄主之为丽。故有道之君，以逸逸人；无道之君，以乐乐身。愿陛下使之以时，则力不竭矣；用而息之，则心斯悦矣。

夫珍玩技巧[18]，为丧国之斧斤；珠玉锦绣，实迷心之酖毒。窃见服玩鲜靡，如变化于自然；职贡[19]奇珍，若神仙之所制。虽驰华于季俗[20]，实败素于淳风。是知漆器非延叛之方，桀造之而人叛；玉杯岂招亡之术，纣用之而国亡。方验侈丽之源，不可不遏。夫作法于俭，犹恐其奢；作法于奢，何以制后？伏惟陛下，明照未形，智周无际，穷奥秘于麟阁[21]，尽探赜[22]于儒林。千王治乱之踪，百代安危之迹，兴亡衰乱之数，得失成败之机，固亦包吞心府之中，循环目围之内，乃宸衷[23]久察，无假一二言焉。惟知之非难，行之不易，志骄于业著，体逸于时安。伏愿抑志裁心，慎终成始，削轻过以添重德，择今是以替前非，则鸿名与日月无穷，盛业与乾坤永泰！

太宗甚善其言，特加优赐甚厚。

注释 ①亟：音qì，屡次，一再。②充容：唐宋时期后宫名号，唐初以昭仪、昭容、昭媛、修仪、修容、修媛、充仪、充容、充媛为九嫔。③登：祭祀时进献。刻玉之符：即玉牒，封禅时的一种文书，借指封禅。④泥金之事：古代帝王行封禅礼时所用的玉牒有玉检、石检，检用金缕缠住，用水银和金屑泥封。借指封禅。⑤云、亭：云云、亭亭二山的并称，均为古代帝王封禅处。伫：企盼，期待。⑥升中：古帝王祭天上告成功的典仪。如《礼记·礼器》有：『是故因天事天，因地事地，因名山升中于天。』郑玄注曰：『升，上也。中，犹成也。谓巡守至于方狱，燔柴，祭天，告以诸侯之成功也。』⑦咀嚼：引申为并吞，侵吞。⑧力役：以武力征伐。兼总：同时具有。⑨昆丘之役：指西征龟兹的战役。昆丘：昆仑山。⑩转输：运输。⑪漂溺：冲走或淹没。⑫奄有：全部占有。三方：指魏、蜀、吴三国。⑬悠悠：辽阔无际。⑭嗷嗷：众口愁怨声。⑮行役：指因服兵役、劳役或公务而出外跋涉。⑯逾时：一会儿，片刻。⑰和雇：官府出价雇用人力。⑱技巧：精巧的技能或技能精巧的物品。⑲职贡：藩属或外国对于朝廷按时的贡纳。⑳季俗：末世颓败的风俗。㉑麟阁：即麒麟阁，在未央宫中。汉宣帝时曾绘霍光等十一功臣像于阁上，以表扬其功绩。㉒探赜：探索道理。㉓宸衷：帝王的心意。

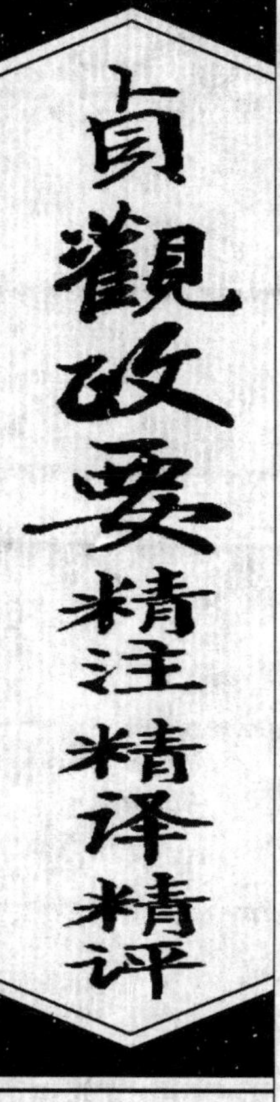

译文 贞观二十二年（648年），军队屡屡有所行动，宫室一座接一座地兴建，老百姓感到劳累疲弊。嫔妃充容徐氏上疏劝谏说：

贞观以来，二十多年，风调雨顺，年年丰收，人民没有水旱的困扰，国家没有饥馑的灾害。当初的汉武帝，是遵守典章的寻常君主，还举行封禅活动；齐桓公，是小诸侯国的平凡国君，还进行封禅之事。希望陛下能够推让功劳自己谦卑，礼让功德而自己不贪占。亿万人民仰慕，但还缺乏之向上天禀告成功的礼仪；云云、亭亭二山期待您的到来，但还没有进行祭告上天的典仪。这样的功德，足可以包含百王，囊括千代。但是古人说：『即使被称赞，也不要沾沾自喜。』的确是有原因的。守住开端并坚持到最后，圣哲都难以同时达到。因此可知业绩大的人容易骄傲，希望陛下将其作为难以做到的事情；善始者难以善终，希望陛下将其当做容易做到的事情。

我见近年以来，对不同对象的武力征伐往往同时进行，东边有征伐高丽的军队，西边有征伐龟兹的战役，士卒和人马因为战事而疲惫，船工车夫因为转运物资而困倦。况且招募服役和驻防的士卒，离开和停留都怀有生离死别的伤痛；由于风浪阻隔，人马和粮草有冲走或淹没的危险。一个劳力努力耕作，一年不到几十石的收获；一艘船只损毁，则会倾覆数百石军粮。这就是运输有限的农业收获，去填充没有穷尽的风浪；贪图还没有获得的他国的民众，丧失我国已经建成的军队。虽然剪除凶恶征伐暴虐，是国家的正常事务，然而穷兵黩武，是先哲所不取的。当初秦始皇吞并了六国，反而加快了危险和灾祸的基础；晋武帝统一了三国，反而成为了覆亡、失败的事业。这难道不是自夸功绩自恃强大，抛弃道德轻视国家，追逐利益忘记危害，放肆情感放纵欲望的结果吗？于是使辽阔无际的天地，虽然广大也不能挽救其败亡；众口愁冤的百姓，因为困顿而给其带来灾祸。因此可知地域广大不是永远安定的办法，人民劳顿乃是容易混乱的根源。希望陛下能够广布恩泽推行仁德，哀怜疲敝体恤困乏，减少因劳役而跋涉的烦扰，增加如雨露滋润般的恩惠。

我又听说国家治理的根本，最重要的是无为。我认为土木建筑的事情，不能够同时进行。北边的宫阙刚刚建好，又在南边营建翠微宫，还没过多久，玉华宫又开始建造，不只是有建筑的劳苦，但还要花费很多时间和力量。虽然一再强调要俭朴，但还是产生了土木建造的劳顿。即使由官府出资雇用人力，也不是没有烦扰人民的弊端。所以住低矮的宫室吃粗劣的饮食，圣明的帝王觉得很安心；黄金装饰的房屋美玉镶嵌的楼台，骄傲的君主认为很华丽。所有有道的君主，用安宁使百姓安定；无道的君主，用享乐使自己快乐。希望陛下根据时节役使百姓，那么民力就不会衰竭；使用他们又让他们能够得到休息，那么民心就会感到愉悦。

珍贵的玩物和精巧的技能，是灭亡国家的刀斧；珍珠美玉华丽服饰，实为迷惑心智的毒药。我看到服饰和玩赏之物艳丽浮华，就像自然变化出来的；各方进贡的奇珍异宝，好像神仙制造的一样。虽然追逐奢华是衰败的世俗所难免，但毕竟也会败坏淳朴的风气。因此可知漆器尽管不是招致叛乱的物品，但夏桀制造了就引起了人民的背叛；玉杯难道是招致灭亡的途径，但商纣使用了就导致了国家的灭亡。经验教训表明，导致奢侈华丽的根源，不能够不制止。依据节俭的原则制定法度，还恐怕会产生奢侈；依据奢侈的原则制定法度，怎么能够节制后人呢？希望陛下，明确考察还没有发生的事情，思考问题要尽量全面，从麒麟阁中探究奥秘，在读书人中探索道理。历代君王治乱的经验，各个时期安危的教训，兴亡衰乱的规律，得失成败的关键，就一定能够包藏于心中，萦回于眼前。那么陛下的心中就能够永远明晰，不需要依赖于一个人两个人的话。知道道理不是困难的事情，实行起来却不容易，心志在功业显著时骄傲，身体在时局安定时安逸。希望陛下抑制自己的心志，自始至终都能够谨慎，减少轻微的过错以增加重要的德行，选择今天正确的做法来取代以前错误的行为，那么盛名就会像日月一样无穷，伟业就会像天地一样永固！

唐太宗很赞赏她的建议，特别给予优厚的赏赐。

评点 对于徐氏的谏章，戈直给予很高评价，说：『做臣子的向国君进谏，古人将其比喻为批龙鳞，即使是士大夫也认为是很难的事情，何况是妇人女子呢！……嫔妃之中，竟然还有像徐氏这样的人。看她进谏的奏疏，即使是资深的儒生也不能超过她多少。呜呼，真是贤淑啊！』

安边第三十六

贞观四年，李靖击突厥颉利，败之，其部落多来归降者。诏议安边之策，中书令温彦博议：『请于河南处之。准汉建武时，置降匈奴于五原塞下，全其部落，得为捍蔽，又不离其土俗，因而抚之，一则实空虚之地，二则示无猜之心，是含育①之道也。』太宗从之。秘书监魏征曰：『匈奴自古至今，未有如斯之破败，此是上天剿绝，宗庙神武。且其世寇中国，万姓冤仇，陛下以其为降，不能诛灭，即宜遣发河北，居其旧土。匈奴人面兽心，非我族类，强必寇盗，弱则卑伏，不顾恩义，其天性也。秦、汉患之者若是，故时发猛将以击之，收其河南以为郡县。陛下以内地居之，且今降者几至十万，数年之后，滋息②过倍，居我肘腋③，甫迩④王畿，心腹之疾，将为后患，尤不可处以河南也。』温彦博曰：『天子之于万物也，天覆地载，有归我者则必养之。今突厥破除，余落归附，陛下不加怜愍，弃而不纳，非天地之道，阻四夷之意，臣愚甚谓不可，宜处之河南。所谓死而生之，亡而存之，怀我厚恩，终无叛逆。』魏征曰：『晋代有魏时，胡部落分居近郡，江统劝逐出塞外，武帝不用其言，数年之后，遂倾瀍洛⑤。前代覆车，殷鉴不远。陛下必用彦博言，遣居河南，所谓养兽自遗患也。』彦博又曰：『臣闻圣人之道，无所不通。突厥余魂，以命归我，收居内地，教以礼法，选其酋首，遣居宿卫，畏威怀德，何患之有？且光武居河南单于于内郡，以为汉藩翰，终于一代，不有叛逆。』又曰：『隋文帝劳兵马，费仓库，树立可汗，令复其国，后孤恩⑥失信，围炀帝于雁门。今陛下仁厚，从其所欲，河南、河北，任情居住，各有酋长，不相统属，力散势分，安能为害？』给事中杜楚客进曰：『北狄人面兽心，难以德怀，易以威服。今令其部落散处河南，逼近中华，久必为患。至如雁门之役，虽是突厥背恩，自由隋主无道。中国以之丧乱，岂得云兴复亡国以致此祸？夷不乱华，前哲明训，存亡继绝，列圣通规。臣恐事不师古，难以长久。』太宗嘉其言，方务怀柔，未之从也。卒用彦博策，自幽州至灵州，置顺、祐、化、长四州都督府以处之，其人居长安者近且万家。

自突厥颉利破后，诸部落首领来降者，皆拜将军中郎将，布列朝廷，五品以上百余人，殆与朝士相半。惟拓拔不至，又遣招慰之，使者相望于道。凉州都督李大亮以为于事无益，徒费中国，上疏曰：『臣闻欲绥远者必先安近。中国百姓，天下根本，四夷之人，犹于枝叶，扰其根本以厚枝叶，而求久安，未之有也。自古明王，化中国以信，驭夷狄以权。故《春秋》云：「戎狄豺狼，不可厌也；诸夏亲昵，不可弃也⑦。」自陛下君临区宇，深根固本，

人逸兵强，九州殷富，四夷自服。今者招致突厥，虽入提封⑧，臣愚稍觉劳费，未悟其有益也。然河西民庶，镇御藩夷，州县萧条，户口鲜少，加因隋乱，减耗尤多，突厥未平之前，尚不安业，匈奴微弱以来，始就农亩，若即劳役，恐致妨损，以臣愚惑，请停招慰。且谓之荒服者，故臣而不纳。是以周室爱民攘狄，竟延八百之龄；秦王轻战事胡，故四十载而绝灭。汉文养兵静守，天下安丰；孝武扬威远略，海内虚耗，虽悔轮台⑨，追已不及。至于隋室，早得伊吾，兼统鄯善，且既得之后，劳费日甚，虚内致外，竟损无益。远寻秦、汉，近观隋室，动静安危，昭然备矣。伊吾虽已臣附，远在藩碛，民非夏人，地多沙卤⑩。其自竖立称藩附庸者，请羁縻⑪受之，使居塞外，必畏威怀德，永为藩臣，盖行虚惠而收实福矣。近日突厥倾国入朝，既不能俘之江淮，以变其俗，乃置于内地，去京不远，虽则宽仁之义，亦非久安之计也。每见一人初降，赐物五匹，袍一领，酋长悉授大官，禄厚位尊，理多糜费。以中国之租赋，供积恶之凶虏，其众益多，非中国之利也。』太宗不纳。

十三年，太宗幸九成宫。突利可汗弟中郎将阿史那结社率阴结所部，并拥突利子贺罗鹘夜犯御营，事败，皆捕斩之。太宗自是不直⑫突厥，悔处其部众于中国，还其旧部于河北，建牙⑬于故定襄城，立李思摩为乙弥泥

孰侯利苾可汗以主之。因谓侍臣曰：『中国百姓，实天下之根本，四夷之人，乃同枝叶，扰其根本以厚枝叶，而求久安，未之有也。初不纳魏征言，遂觉劳费日甚，几失久安之道。』

注释 ①含育：包容化育。②滋息：繁殖，增生。③肘腋：胳膊肘和胳肢窝，比喻切近之地。④甫迩：靠近，接近。⑤瀍洛：瀍水和洛水的并称。洛阳城地处瀍水两岸、洛水之北，因此多以二水连称代指洛阳。⑥孤恩：负恩，背弃恩德。⑦戎狄豺狼，不可厌也；诸夏亲昵，不可弃也：出自《左传·闵公元年》。诸夏：周代分封的中原各个侯国，泛指中原地区。⑧提封：疆域，版图。⑨轮台：指《轮台罪己诏》。轮台为古地名，在今新疆轮台南，本为仑头国（又称轮台国），汉武帝时被李广利所灭，置使者校尉，并屯田于此。汉武帝晚年，对其一生致力开拓西域，国力大损深表悔恨，于是弃轮台之地，并下诏罪己。⑩沙卤：沙石盐碱地。⑪羁縻：笼络，怀柔。⑫直：认为……正直。⑬建牙：指少数民族建置王庭。

译文 贞观四年（630年），李靖率军攻打突厥的颉利可汗，并打败了他，原归属于他的部落有很多都来归降。唐太宗下诏商议安定边境的办法，中书令温彦博说：『请在黄河以南安置他们。根据汉光武帝建武年间的做法，把归降的匈奴人安置在五原塞之下，保全他们的部落，并作为边境的屏障，同时还不丧失他们自己的风俗，用这个方法来安抚他们，一则可以充实空虚的地区，二则可以展示我们不存有猜忌之心，这是包容化育的做法。』唐太宗听从了他的建议。秘书监魏征说：『匈奴从古至今，没有遇到过这样的破败，这既是上天要灭绝他们，也是因为我朝神武。况且他们世代入侵中原，百姓都与他们有冤仇，陛下认为他们已经投降，不能灭绝他们，也应当把他们遣送至黄河以北，居住在他们原来的土地。匈奴人人面兽心，不是我们的同类，强大的时候就为寇为盗，弱小的时候就低声下气，不考虑恩德道义，是他们的天性。秦汉时期所担心的时候正在于此，所以经常派猛将进攻他们，夺取了他们控制的黄河以南地区设置了郡县。陛下让他们在内地居住，并且如今投降的人接近十万，十年之后，繁衍就会超过一倍，居住在我们边近，非常靠近京城，就如同心腹中的疾病，必将成为后患，非常不应该把他们安置在黄河以南。』温彦博说：『天子对于万物，天地之间，有归附我的就一定要养育他们。如今突厥被击破，剩余的部落归附我们，陛下对他们不加以怜悯，而是抛弃他们不接纳，不符合天地养育万物之道，阻断了四方民族仰慕我们的心意，我认为这样非常不应该，应当把他们安置在黄河以南。这就是所谓的将要死亡而使他们生存下来，将要灭亡而使他们保存下来，心中记住我们深厚的恩德，永远都不会叛逆。』魏征说：『晋取代魏时，胡人的部落分居在近处的各郡，江统劝晋武帝把他们驱逐到塞外，晋武帝没有听从他的建议，数年之后，就使洛阳失陷了。前代有教训，戒鉴不是很远。陛下一定要听温彦博的话，把他们安置在黄河以南，这就是所谓的养虎遗患。』温彦博又说：『我听说圣人之道，没有不通达的地方。突厥的剩余部众，把性命交给我们，收容他们使居住在内地，用礼义法度教化他们，选拔他们的首领，将其委派为宫廷禁卫，他们畏惧威严感念恩德，有什么可以担忧的呢？况且汉光武帝让黄河以内地区匈奴的单于居住在内地的州郡，作为汉朝的屏障，到汉代结束，也没有叛逆。』又说：『隋文帝动用兵马，耗费资财，帮突厥树立可汗，让他们恢复国家，后来突厥人忘恩负义不守信用，将隋炀帝围困在雁门关。如今陛下仁德深厚，顺从他们的心愿，黄河以南、黄河以北，任凭他们居住，各个部落都有酋长，相互之间没有隶属关系，势力分散，怎么能够成为祸害呢？』给事中杜楚客进言说：『北方胡人人面兽心，难以用恩德感化，易于用威势压服。如今让他们的部落散居在黄河以南，逼近中原，长久一定会成为祸患。至于雁门关一役，虽然有突厥

忘恩负义的因素，自然也是因为隋朝君主无道。中国因此而时局动乱，怎么能够说是兴复灭亡了的国家而招致了这次灾祸呢？夷狄不能扰乱华夏的秩序，这是先哲明确的训诫，使将要灭亡者得以保存，将要断绝者得以延续，这是各位圣王的通行准则。我怕不师法古人，国家难以长久。』唐太宗赞赏他的话，但因正在推行怀柔的政策，没有听从。最终采用了温彦博的建议，从幽州到灵州，设置了顺、祐、化、长四州都督府用以安置突厥部落，突厥人居住在长安者接近一万家。

自从颉利可汗被击败之后，各个部落的首领来投降者，都被封为将军中郎将，遍布朝廷之上，五品以上的有一百多人，几乎占到朝廷官员的一半。只有拓拔没有来归附，唐太宗又派遣使节前去招降慰问他，使者在道路上往来不绝。凉州都督李大亮认为这样做没有用处，只是耗费中国的财物，上疏说：『我听说想要平定远方者一定会首先安定边近。中国的百姓，是天下的根本，四方民族之人，好比是枝叶，扰动根本以厚实枝叶，而追求长治久安，是从来没有的事情。自古以来圣明的君王，用信用来教化中国，用权谋来控制夷狄。所以《春秋》中说：「戎狄如同豺狼一样，不能满足；中原各国要相互亲密，不能够抛弃。」自从陛下君临天下，加深并稳固国家的根本，人民安逸军队强盛，九州殷实富庶，四方民族自愿臣服。如今招降突厥，虽然并入了版图，但我稍微感觉劳烦耗费太多，不明白这样做有什么益处。然而河西地区的百姓，抵御夷狄部落，导致州县萧条，人口稀少，加上由于隋朝的混乱，人口减少更多，突厥没有平定之前，还不能安心生产，匈奴削弱之后，才开始进行耕作，如果马上让他们从事劳役，恐怕造成妨碍和损害，以我的愚蠢糊涂之见，请求停止招降慰问的行动。况且既然称边远地区为荒服，因此只使其臣服也不会容纳。所以周王室爱护人民排斥夷狄，竟然延续了八百年之久；秦王朝轻动战事对付胡人，所以四十年就灭亡了。汉文帝休养士兵安心防守，天下安定而丰饶；汉武帝显扬威势图谋远方，国内空虚耗竭，虽然在《轮台罪己诏》中表示悔恨，但挽回已经不可能了。到了隋朝，

很早就取得了伊吾，并且统治着鄯善，已经取得了这些地区之后，劳烦花费日益加重，耗空国内追求外族土地，最终只有损伤没有益处。远看秦汉，近看隋朝，动静安危，是非常明显的。伊吾虽然已经称臣归附，但远在沙漠戈壁，人民不是华夏族，土地大多是沙石盐碱地。对于那些自称是藩属附庸者，请以怀柔政策接受他们，让他们居住在塞外，一定会畏惧威严感怀恩德，永远作为臣属之国，这是用虚恩惠而获得实利益。近来突厥整个国家都入朝归服，既然不能俘获到江淮地区，以改变他们的风俗，于是安置在内地，离京城不远，虽然表示的是宽厚仁慈之义，但终究不是长久安定之计。经常看到一个人刚归降，就赐给五匹绢帛，一领袍子，部落首领都授予高官，俸禄优厚地位尊贵，必然要增加耗费。用中国的租税天赋，供给作恶多端的凶恶敌人，他们人数增加，并不是中国的好事啊。』唐太宗没有采纳他的建议。

贞观十三年（639年），唐太宗巡幸到九成宫。突利可汗的弟弟中郎将阿史那结社率暗地里纠结部属，并支持突利的儿子贺罗鹘在夜里袭击御营，事情失败，都把他们捕杀了。唐太宗从此不认为突厥人正直可靠，后悔将其部众安排在中国，让他们的旧部返回到黄河以北，将王庭设置在原定襄城，立李思摩为乙弥泥孰俟利苾可汗作为他们的君主。于是对身边侍从的大臣说：『中国的百姓，的确是天下的根本，四方民族之人，好比是枝叶，扰动根本以厚实枝叶，而追求长治久安，是从来没有的事情。当初没有听从魏征的建议，于是感觉劳烦和耗费日益增加，差点背离了长治久安之道。』

评点 自古如何安置归降士众便是一个难题，甚至有将归降之人全部杀害以绝后患者。在如何安置突厥问题上，魏征和温彦博各执一词，最终唐太宗接受了温彦博的建议，以致为内廷的安定留下了隐患。因此后世在评论此事时，大多倾向于魏征的建议，认为『若用魏征之言，使处河北，于边无忧，于国无费，不亦善乎！』

贞观十四年，侯君集平高昌之后，太宗欲以其地为州县。魏征曰：『陛下初临天下，高昌王先来朝谒，自后数有商胡称其遏绝贡献，加之不礼大国诏使，遂使王诛载加。若罪止文泰①，斯亦可矣。未若因抚其民而立其子，所谓伐罪吊民，威德被于遐外②，为国之善者也。今若利其土壤以为州县，常须千余人镇守，数年一易。每来往交替，死者十有三四，遣办衣资，离别亲戚。十年之后，陇右空虚，陛下终不得高昌撮谷尺布以助于中国。所谓散有用而事无用，臣未见其可。』太宗不从，竟以其地置西州，仍以西州为安西都护府，每岁调发千余人防遏其地。

黄门侍郎褚遂良亦以为不可，上疏曰：『臣闻古者哲后临朝，明王创业，必先华夏而后夷狄，广诸德化，不事遐荒。是以周宣薄伐，至境而反；始皇远塞，中国分离。陛下诛灭高昌，威加西域，收其鲸鲵③，以为州县。然则王师初发之岁，河西供役之年，飞刍挽粟④，十室九空，数郡萧然，五年不复。陛下每岁遣千余人而远事屯戍，终年离别，万里思归。去者资装⑤，自须营办，既卖菽粟，倾其机杼。经途死亡，复在言外。兼遣罪人，增其防遏，所遣之内，复有逃亡，官司捕捉，为国生事。高昌途路，沙碛千里，冬风冰冽，夏风如焚，行人遇之多死。《易》云「安不忘危，治不忘乱。」设令张掖尘飞，酒泉烽举⑥，陛下岂能得高昌一人菽粟而及事乎？终须发陇右诸州，星驰电击。由斯而言，此河西者方于心腹，彼高昌者他人手足，岂得縻费中华，以事无用？陛下平颉利于沙塞，灭吐浑于西海，突厥余落，为立可汗，吐浑遗萌⑦，更树君长，复立高昌，非无前例，此所谓有罪而诛之，既服而存之。宜择高昌可立者，征给首领，遣还本国，负戴洪恩，长为藩翰。中国不扰，既富且宁，传之子孙，以贻后代。』疏奏，不纳。

至十六年，西突厥遣兵寇西州，太宗谓侍臣曰：『朕闻西州有警急⑧，虽不足为害，然岂能无忧乎？往者初平高昌，魏征、褚遂良劝朕立麴文泰子弟，依旧为国，朕竟不用其计，今日方自悔责。昔汉高祖遭平城之围而赏娄敬，袁绍败于官渡而诛田丰，朕恒以此二事为诫，宁得忘所言者乎！』

注释

①文泰：指高昌王麴文泰。②遐外：边远地区，蛮荒之地。外：服外，荒外。③鲸鲵：即鲸，雄曰鲸，雌曰鲵。比喻凶恶的敌人。④飞刍挽粟：谓迅速运送粮草。如颜师古注《汉书·主父偃传》『又使天下飞刍挽粟』说：『运载刍槀，令其疾至，故曰飞刍也。挽谓引车船也。』⑤资装：指旅费和行李。⑥张掖、酒泉：均为和西域接壤地区。尘飞、烽举：均指发生战争。⑦遗萌：指劫后残余的人民。⑧警急：即危急。

译文

贞观十四年（640年），侯君集平定高昌之后，唐太宗打算在原高昌国的土地上设置州县。魏征说：『陛下刚刚登上帝位的时候，高昌王最先来朝见，此后多次有经商的胡人说高昌王阻隔来唐朝进贡，加之对大国的使臣不礼貌对待，于是使天子对他的诛罚一年年地增加。如果责罚只针对麴文泰一个人，也就可以了。不如借机安抚高昌的人民并且立麴文泰的儿子为王，这就是所谓的讨伐罪人安抚人民，威严和恩德施及边远地区，这是治理国家最好的做法。如今如果认为他们的土地对我有利就在那里设置州县，就经常需要一千多人在那里镇守，几年一换。每次来往交替，死亡和失散就有十分之三四，戍卒还要置办衣服盘缠，离别亲人。十年之后，陇右地区就会空虚，陛下最终也不会得到高昌一撮谷子一尺布有助于中国。这就是所谓的耗费有用的来追求无用的，我没有看到这样做有什么合理之处。』唐太宗没有听从，最终在原高昌国的地区设置了西州，又改西州为安西都护府，每年调集派遣一千多人防守其所管辖的地区。

黄门侍郎褚遂良也认为这样做不合适，上疏说：『我听说自古以来圣哲之君临朝治理天下，明智之王创立基业，一定是先考虑华夏之后才考虑夷狄，广施教化，不去追求遥远荒芜之地。所以周宣王征伐，到自己的边境上就返回；秦始皇到远处去设置关塞，中原地区分崩离析。陛下消灭了高昌，威严及于西域，降服了凶恶的敌人，在他统治的地区设置州县。然而在军队刚出发的那年，河西地区服役的时候，迅速地转运粮草，造成十室九空，几个郡都萧条，五年没有恢复。陛下每年派一千多人到远方驻防，终年与家人别离，在万里之外盼望回家。离开的人的旅费和行李，自然需要置办，已经卖了粮食，又要卖光布帛。途中死亡失散，更不用说了。同时还要派遣犯了罪的人，增加那里的防守，所遣送的人之中，也有逃走，官府重新捉拿，为国家增加了事端。去高昌的路途，沙漠千里，冬天寒风凛冽，夏天酷热如焚，行人赶上这种气候大多会死掉。《周易》中说「安定的时候不要忘记危险，有序的时候不要忘记混乱。」假设与西域交界的张掖、酒泉地区战争重启，陛下难道能够从高昌地区得到一个人的粮草以用于战争吗？最终还是要从陇右各州进行征发，如流星闪电一样运送过去。因此而言，河西地区好比是心腹，高昌不过是他人的手足，怎么能够耗费中国的钱财，去做

无用的事情？陛下在沙漠地区平定了颉利可汗，在西海地区消灭了吐谷浑，突厥剩余的部落，为他们树立了可汗，吐谷浑残余的人民，重新为他们树立了君主，重新恢复高昌国，不是没有先例，这就是所谓的有罪者就诛罚，已顺服就存养。应当选择高昌国中可以立为君主者，征选为首领，送回本国，他们感念天大的恩德，就会长久的作为藩国屏障。中国不会受到侵扰，既富足又安宁，流传给子孙，遗赠给后代。』奏疏呈上去，没有被采纳。

到贞观十六年（642年）时，西突厥派兵侵略西州，唐太宗对身边侍从的大臣说：『我听说西州有战事的危急，虽然不足为害，然而怎么能够不让人感到忧虑呢？当初刚平定高昌的时候，魏征、褚遂良劝我立麴文泰的子弟为国王，让高昌依旧作为一个国家，我最终没有采纳他们的建议，如今自己才开始悔悟自责。当初汉高祖遭遇平城之围而赏赐了娄敬，袁绍官渡失败而杀掉了田丰，我经常用这两件事来告诫自己，怎么能够忘记对我进言的人呢！』

评点

『安边』中的这两件事，都表明了唐太宗的好大喜功倾向。正如范祖禹所说：『魏征的建议中，利害关系说得不是不透彻，以唐太宗的智慧，难道还不能明白吗？只是因为他好大而喜远，夸功而邀名，不能够用道义来约束自己的思想，所以才听不进忠言，还打算要超过前世所有其他的帝王。』

行幸第三十七

贞观初，太宗谓侍臣曰：『隋炀帝广造宫室，以肆行幸。自西京至东都，离宫别馆，相望道次①，乃至并州、涿郡，无不悉然。驰道皆广数百步，种树以饰其傍。人力不堪，相聚为贼。逮至末年，尺土一人，非复己有。以此观之，广宫室，好行幸，竟有何益？此皆朕耳所闻，目所见，深以自诫。故不敢轻用人力，惟令百姓安静，不有怨叛而已。』

注释 ①道次：道中，路旁，沿途。

译文 贞观初年，唐太宗对身边侍从的大臣说：『隋炀帝大量地建造宫室，以用于出巡时享乐。自西京长安到东都洛阳，离宫别馆，沿途连绵不绝，以至于并州、涿郡，无不是这样。车马大道都有数百步宽，路旁种了树木作为装饰。人民无力承担，聚集一起成为盗贼。到了末年，一尺土一个人，都不再是自己所有。因此看来，扩建宫室，喜欢出巡，最终有什么用处呢？这都是我所亲耳听到，亲眼看到的，深深地以此作为自己的戒鉴。所以不敢轻易地动用民力，只想使百姓生活安定，不发生怨愤叛乱而已。』

评点 《淮南子·泰族训》中说：『为治之本，务在宁民；宁民之本，在于足用；足用之本，在于勿夺时；勿夺时之本，在于省事；省事之本，在于节用；节用之本，在于反性。未有能摇其本而静其末，浊其源而清其流者也。』即治国的根本，务必在于安定民生；安定民生的根本又在于使人民财物充足；而财物充足的根本在于不能侵夺农时；不侵夺农时取决于减少徭役兴建之类的事；而减少这类的事又取决于人的节欲观念。而节欲观念的形成建筑于人对清淡恬静天性的返归。没有摇动了树的根部而树梢却静止的事，也没有弄浑浊了水源而让流水清澈的事。统治者要节制自己的欲望，不要为了满足自己的贪欲而使老百姓频受骚扰，这是获得民心的根本途径。

贞观十一年，太宗幸洛阳宫，泛舟于积翠池，顾谓侍臣曰：『此宫观台沼并炀帝所为，所谓驱役生民，穷此雕丽，复不能守此一都，以万民为虑。好行幸不息，民所不堪。昔诗人云：「何草不黄？何日不行①？」「小东大东，杼轴其空②。」正谓此也。遂使天下怨叛，身死国灭，今其宫苑尽为我有。隋氏倾覆者，岂惟其君无道，亦由股肱无良。如宇文述、虞世基、裴蕴之徒，居高官，食厚禄，受人委任，惟行谄佞，蔽塞聪明，欲令其国无危，不可得也。』司空长孙无忌奏言：『隋氏之亡，其君则杜塞忠谠之言，臣则苟欲自全，左右有过，初不纠举，寇盗滋蔓，亦不实陈。据此，即不惟天道，实由君臣不相匡弼。』太宗曰：『朕与卿等承其余弊，惟须弘道移风，使万世永赖矣。』

注释 ①何草不黄？何日不行：出自《诗经·小雅·何草不黄》。②小东大东，杼轴其空：出自《诗经·小雅·大东》。小东、大东：东方较近之国和较远之国。杼轴：织布机上的两个部件，即用来持纬的梭子和用来承经的筘，代指织机。

译文 贞观十一年（637年），唐太宗来到洛阳宫，泛舟于积翠池，回头对身边侍从的大臣说：『这些宫观台榭池沼都是隋炀帝建造的，这就是经常说的驱使人民，无节制地追求这样雕饰华丽的东西，而又不能守住这个都城，为百姓着想。喜欢出巡而不知道休止，人民无法承受。当初有诗人说：「什么野草不枯黄？什么时候不奔忙？」「近东远东各国家，织机之上都空虚。」说的就是这个意思。于是导致天下怨愤叛乱，自己死掉国家灭亡，如今这些宫殿苑囿都归我所有。隋朝灭亡的原因，难道仅仅是因为它的君主无道吗，还由于辅佐的大臣不贤良。如宇文述、虞世基、裴蕴等人，身居高位，享受厚禄，接受了人家的委任，只知道做谄媚奸佞之事，蒙蔽阻塞君主的视听，想要使国家没有危险，是不可能的。」司空长孙无忌陈奏说：「隋朝灭亡，从他们的君主的角度说是因为杜绝阻塞忠诚正直之言，从大臣的角度说是因为都打算苟且保全，身边的人有过错，开始时不监察检举，盗寇开始蔓延之后，也不据实陈奏。因此，隋朝灭亡不只是因为天道，其实是由于君臣不互相匡正辅佐。」唐太宗说：「我与你们承继了隋朝这些弊端的余绪，只应当弘扬道义转移风俗，使千秋万代永远赖以发展。」

评点 不可否认，欲望是人与生俱来的，正如《吕氏春秋》中所说的那样：人天生有贪心有欲望，耳朵想听美妙的音乐，眼睛想看绚丽的色彩，嘴巴想吃可口的东西。这些欲望，是人人都有的，无论出身高贵低贱，天性聪明愚笨，都是如此。高明的人之所以区别于一般人，就在于他们知道什么是适度，能够保持适度。人的心灵只有不被物欲所蒙蔽，才有可能保持清醒的头脑。

贞观十三年，太宗谓魏征等曰：『隋炀帝承文帝余业，海内殷阜，若能常处关中，岂有倾败？遂不顾百姓，行幸无期，径往江都，不纳董纯、崔象等谏诤，身戮国灭，为天下笑。虽复帝祚长短，委以玄天，而福善祸淫①，亦由人事。朕每思之，若欲君臣长久，国无危败，君有违失，臣须极言。朕闻卿等规谏，纵不能当时即从，再三思审，必择善而用之。』

注释 ①福善祸淫：赐福给为善的人，降祸给作恶的人。

译文 贞观十三年（639年），唐太宗对魏征等人说：「隋炀帝继承了隋文帝遗留下来的基业，国内富庶，如果能够一直留在关中，怎么能够败亡呢？而他不为百姓着想，无休无止地出巡，一直到了江都，不采纳董纯、崔象等人的建议，自己被杀国家灭亡，被天下人讥笑。虽然帝业的长短，是由上天决定的，但为善得保佑作恶受惩罚，也是由人的作为决定的。我每想到这个道理，如果想要君臣的地位长久，国家没有危险败亡，君主一旦有违礼或过失，大臣应当极力劝谏。我听到你们的劝谏，即使不能马上遵从，考虑再三，一定会选择善言而采纳的。」

评点 『福祸无门，惟人自招。』肆无忌惮、为所欲为，最终必将自食其果。

贞观十二年，太宗东巡狩，将入洛，次于显仁宫，宫苑官司多被责罚。侍中魏征进言曰：『陛下今幸洛州，为是旧征行处，庶其安定，故欲加恩故老。城郭之民未蒙德惠，官司苑监多及罪辜，或以供奉之物不精，又以不为献食。此则不思止足，志在奢靡，既乖行幸本心，何以副百姓所望？隋主先命在下多作献食，献食不多，则有威罚。上之所好，下必有甚，竞为无限，遂至灭亡。

此非载籍所闻，陛下目所亲见。为其无道，故天命陛下代之。当战战栗栗，每事省约，参踪前列，昭训子孙，奈何今日欲在人之下？陛下若以为足，今日不啻足矣；若以为不足，万倍于此，亦不足也。』太宗大惊曰：『非公，朕不闻此言。自今已后，庶几无如此事。』

译文 贞观十二年（638年），唐太宗东巡，将要进入洛阳城，驻扎在显仁宫，宫苑里的许多官吏都受到责罚。侍中魏征进言说：『陛下如今出巡洛州，是因为这是从前出征时路过的地方，希望它安定，所以打算施恩于地方父老。城郭之内的居民没有蒙受到恩惠，宫苑中的有关人员多有被责罚者，有的是因为贡奉的物品不精美，还有的是因为他们不为您进献食物。这就是不考虑知止和知足，一心想要奢侈浮华，既然违背出巡的本意，怎么能够符合老百姓的期待？隋朝君主从前命令下面的人多进献食品，进献食品不充足，就有威刑惩罚。上面人的爱好，下面的人一定变本加厉，争相做没有限度的事情，于是导致了国家灭亡。这不是典籍中记载的，是陛下亲眼所见。因为隋炀帝无道，所以上天命陛下取代他。这就应当谨慎戒惧，每件事情都要减省节约，参照前人的美德，给子孙留下光辉的榜样，为什么今天要甘居人后呢？陛下如果感觉满足，如今的供应不异于充足了；如果感觉不满足，即使超过万倍，也还不充足。』唐太宗大惊说：『不是你，我听不到这样的话。从此之后，希望不再发生这样的事。』

评点 人的欲望是无穷的，富有四海仍然觉得不满足，这可以说是所有贪婪的统治者走向灭亡的共同特征。

畋猎第三十八

秘书监虞世南以太宗颇好畋猎，上疏谏曰：『臣闻秋狝①冬狩，盖惟恒典；射隼从禽，备乎前诰。伏惟陛下因听览②之余辰，顺天道以杀伐，将欲摧班碎掌③，亲御皮轩④，穷猛兽之窟穴，尽逸材⑤于林薮。夷凶剪暴，以卫黎元，收革擢羽，用充军器，举旗效获⑥，式遵前古。然黄屋⑦之尊，金舆⑧之贵，八方之所仰德，万国之所系心，清道而行，犹戒衔橛⑨。斯盖重慎防微，为社稷也。是以马卿直谏⑩于前，张昭变色⑪于后，臣诚细微，敢忘斯义？且天弧星罼⑫，所殪⑬已多，颁⑭禽赐获，皇恩亦溥。伏愿时息猎车⑮，且韬⑯长戟，不拒刍荛之请，降纳涓浍⑰之流，袒裼⑱徒搏，任之群下，则贻范百王，永光万代。』太宗深嘉其言。

注释 ①秋狝：秋天打猎。狝，音xiǎn。②听览：听朝和浏览奏章，代指处理朝政。③摧班碎掌：指猎杀虎豹熊罴。班：同『斑』，虎豹等猛兽身上的斑纹、斑点。掌：熊罴等野兽有力的蹄掌。④皮轩：用虎皮装饰的车子。⑤逸材：健壮有力的野兽或牲畜。⑥效获：打猎的收获。⑦黄屋：古代帝王专用的黄缯车盖。借指帝王之车或帝王。⑧金舆：古代帝王乘坐的黄金装饰的车子。借指帝王之车或帝王。⑨衔橛：即『衔橛之变』，指车马倾覆的危险，比喻意外发生的事故。⑩马卿直谏：指汉代司马相如劝谏汉武帝追逐并与野兽搏斗之事。⑪张昭变色：指三国时张昭严肃劝谏孙权骑马追逐猛虎之事。⑫天弧：星名，共九星，形如弓弧，正对天狼星。罼：音bì，掩捕鸟兔的长柄小网。⑬殪：音

yì，杀死。⑭颁：赏赐，分赏。⑮猎车：帝王等出猎时所乘之车。⑯韬：收起，束敛。⑰涓浍：小水流，常比喻地位低微。⑱袒裼：脱去上衣。

译文 秘书监虞世南因为唐太宗非常喜欢打猎，上疏劝谏说：『我听说秋冬时节狩猎，是一贯的制度；追逐射猎飞禽，在前人的告诫中已很详备。我想陛下在处理朝政之余，顺应天道进行杀伐，打算猎杀虎豹熊罴，亲自驾驶着用虎皮装饰的车子，围困洞窟中的猛兽，猎尽森林中的野兽。消灭凶残剪除暴虐，以保卫老百姓，收集皮革拔取羽毛，用于军用器械，举起旌旗收获猎物，这是遵照古人的典制。然而尊为帝王，贵为天子，八方仰慕德行，万国挂念心头，清扫道路行走，尚且要警惕车马倾覆的危险。这样特别谨慎防备细微，是为了国家。因此前有汉代司马相如直言劝谏汉武帝，后有三国张昭严肃阻止孙权，我尽管的确卑微，但怎敢忘记这个道理？况且天弧星一样的弓箭和密如星辰的网罗，所杀死的已经很多了，分赏给臣属猎物，皇恩也已经很广博。希望能够暂时停止狩猎的车辆，暂且收起长戟，不要拒绝草野之人的请求，俯身采纳低微之人的建议，把脱掉衣服徒手搏斗之事，交给臣下去做，那么就能够给后世的百代君王留下典范，光辉万代永存。』唐太宗非常赞赏他的言论。

评点 唐太宗出身军旅，不难想象他对驰骋田猎的热爱。但人的欲望和嗜好不能没有限度，否则必将为其所累。

谷那律为谏议大夫，尝从太宗出猎，在途遇雨，太宗问曰：『油衣①若为得不漏？』对曰：『能以瓦为之，必不漏矣。』意欲太宗弗数游猎，大被嘉纳。赐帛五十段，加以金带。

注释 ①油衣：用桐油涂制而成的雨衣。

译文 谷那律为谏议大夫，曾经跟随唐太宗外出打猎，在途中遇到了雨天，唐太宗问他：『雨衣怎样做才能够不漏雨？』谷那律回答说：『如果能用瓦来做，一定不会漏雨。』意思是打算让唐太宗（经常留在宫殿里），不要经常出外打猎，深得唐太宗赞赏并被采纳。赐给他五十段丝帛，还加上一条金带。

评点 古人说，『良药苦口利于病，忠言逆耳利于行』，要求人们要多听不同的声音，同时看到别人有什么缺点也要坦率地指出来，但是又说，『良言一句三冬暖，恶语伤人六月寒』，又告诫人们要讲求说话的艺术，不能不顾对方的感受。批龙鳞、逆圣听纵然可贵，但像谷那律这样机智地劝谏，也是值得赞赏的。

贞观十一年，太宗谓侍臣曰：『朕昨往怀州，有上封事者云：「何为恒差山东众丁于苑内营造？即日徭役，似不下隋时。怀、洛以东，残人①不堪其命，而田猎犹数，骄逸之主也。今者复来怀州田猎，忠谏不复至洛阳矣。」四时蒐田②，既是帝王常礼，今日怀州，秋毫不干于百姓。凡上书谏正，自有常准，臣贵有词，主贵能改。如斯诋毁，有似咒诅。』侍中魏征奏称：『国家开直言之路，所以上封事者尤多。陛下亲自披阅，或冀臣言可取，所以侥幸之士得肆其丑。臣谏其君，甚须折衷，从容讽谏。汉元帝尝以酎祭③宗庙，出便门，御楼船。御史大夫薛广德当乘舆免冠曰：「宜从桥，陛下不听臣言，臣自刎，以颈血污车轮，陛下不入庙矣。」元帝不悦。光禄卿张猛进曰：「臣闻主圣臣直，乘船危，就桥安。圣主不乘危④，广德言可听。」元帝曰：「晓人不当如是耶！」乃从桥。以此而言，张猛可谓直臣谏君也。』太宗大悦。

注释

①残人：剩余的百姓。②蒐田：春季的田猎，也泛指田猎。蒐：音sōu，春猎。③酎祭：献祭，进行祭祀。④乘危：登上或踏上危险之地，即冒险。

译文

贞观十一年（637年），唐太宗对身边侍从的大臣说：『我昨天去怀州，有人上秘密奏章说：「为什么总是差遣山东的百姓在宫苑内从事建造？今日的徭役，似乎不低于隋朝之时。怀州、洛阳以东，残存的百姓连活命都困难，而狩猎活动还是如此频繁，这是个骄奢淫逸的君主啊。如今又来怀州狩猎，忠诚的劝谏没法再传到洛阳了。」四季打猎，既然是帝王固定的礼制，如今在怀州，与百姓秋毫无犯。凡是上书劝谏匡正，自然有一般的规范，臣属贵在有建议，君主贵在能改正。如此诋毁，好像是诅咒一样。』侍中魏征上奏说：『国家开辟直言进谏的道路，所以上秘密奏章的人更多。陛下亲自披阅，或许是希望臣下的建议可取，所以心怀侥幸的人有机会肆虐他们的丑行。臣子向君主进谏，特别需要掌握住适中的原则，心平气和地进行讽喻劝谏。汉元帝曾经因为要祭祀宗庙，出了便门，乘坐楼船。御史大夫薛广德挡住皇帝的车子脱掉帽子说：「应当走桥，陛下如果不听我的建议，我就自刎，让脖颈的血弄脏车轮，陛下也不用到宗庙去了。」汉元帝不高兴。光禄卿张猛进言说：「我听说君主圣明则大臣正直，乘船危险，走桥安全。圣明的君主不冒险，薛广德的建议可以听。」汉元帝说：「劝导人不应当像张猛这样吗！」于是从桥上过去。因此来说，张猛的做法可以算得上是正直的臣子劝谏君主。』唐太宗非常高兴。

评点

请人帮助也好，劝诫别人也好，都要注意说话的分寸和艺术。否则，如果说话过于莽撞或者不恰当，不但达不到自己的目的，甚至引起对方的不快。

贞观十四年，太宗幸同州沙苑，亲格猛兽，复晨出夜还。特进魏征奏言：『臣闻《书》美文王不敢盘①于游田，《传》述《虞箴》称夷羿②以为戒。昔汉文临峻坂③欲驰下，袁盎揽辔曰：「圣主不乘危，不侥幸，今陛下骋六飞④，驰不测之山，如有马惊车败，陛下纵欲自轻，奈高庙何？」孝武好格猛兽，相如进谏：「力称乌获，捷言庆忌，人诚有之，兽亦宜然。猝遇逸材之兽，骇不存之地，虽乌获、逄蒙之伎不得用，而枯木朽株尽为难矣。虽万全而无患，然而本非天子所宜。」孝元帝郊泰畤⑤，因留射猎，薛广德称：「窃见关东困极，百姓离灾。今日撞亡秦之钟，歌郑、卫之乐，士卒暴露，从官劳倦，欲安宗庙社稷，何凭河暴虎⑥，未之戒也？」臣窃思此数帝，心岂木石，独不好驰骋之乐？而割情屈己，从臣下之言者，志存为国，不为身也。臣伏闻车驾近出，亲格猛兽，晨往夜还。以万乘之尊，暗行荒野，践深林，涉丰草，甚非万全之计。愿陛下割私情之娱，罢格兽之乐，上为宗庙社稷，下慰群寮兆庶。』太宗曰：『昨日之事偶属尘昏⑦，非故然也，自今深用为诫。』

注释 ①盘：娱乐，欢乐。②夷羿：东夷人的首领后羿。③峻坂：陡坡。④六飞：指皇帝的车马。古代皇帝的车驾六马，疾行如飞，故名。⑤郊泰畤：指冬至日帝王在京城南郊祭祀上天的活动。⑥凭河暴虎：徒步过河，空手搏虎，比喻冒险行事。⑦尘昏：因灰尘蒙蔽而昏暗，借指一时糊涂。

译文 贞观十四年（640年），唐太宗到同州的沙苑，亲自与猛兽搏斗，还早上出去夜里才回来。特进魏征上奏说：『我听说《尚书》中赞美周文王不敢在狩猎时游乐，《左传》中转述《虞箴》的话将后羿作为戒鉴。当年汉文帝在陡坡前打算疾驰而下，袁盎抓住马辔头说：「圣明的君主不冒险，不侥幸，如今陛下驾驶车马，在危险的山上疾驰，如果遇上马惊了或车坏了，陛下即使愿意轻视自己的安危，又怎么对得起高祖呢？」汉武帝喜欢和猛兽格斗，司马相如劝谏说：「乌获可以称得上力气大，庆忌可以称得上跑得快，的确有这样的人，野兽也是这样。如果突然遇到健壮有力的野兽，在难以躲藏的地方惊慌失措，即使有乌获、逢蒙一样的技艺也用不上，而枯木头烂树枝都可能成为羁绊。既然考虑万分周到而没有忧患，然而这也不是天子应当做的。」汉元帝在南郊祭祀上天，借机停留下来打猎，薛广德说：「我看到关东地区困苦到极点，百姓遭受灾难。如今撞击灭亡了的秦朝留下的钟，歌唱郑、卫的靡靡之音，士卒暴露于野外，随从的官员疲劳倦怠，想要使国家安定，为什么还要冒险行事，不加警惕呢？」我想这几个皇帝，心难道像木头石头一样，单单不喜欢驰骋打猎的快乐吗？而他们割舍欲望压抑自己，听从臣下之言的原因，是心里想着国家，不是为了自身。我听说陛下的车驾近来外出，亲自与猛兽格斗，早上出去晚上才回来。以天子的尊贵，黑夜行走于荒野之中，走过深深的树林，越过茂密的草地，非常不合乎考虑周全的做法。希望陛下割舍个人欲望的娱乐追求，停止以与野兽格斗取乐，上为国家着想，下安群臣百姓之心。』唐太宗说：『昨天的事情因为一时糊涂，不是一直这样，从此之后要深深引以为戒。』

评点 『乐极生悲』，历史上因不知节制欲望和爱好而丧身亡国的例子比比皆是，如商纣王、春秋时的卫懿公、陈灵公、南北朝时的陈后主等。

贞观十四年冬十月，太宗将幸栎阳游畋，县丞刘仁轨以收获未毕，非人君顺动之时，诣行所①，上表切谏。太宗遂罢猎，擢拜仁轨新安令。

注释 ①行所：即行在所，天子巡行所到的地方。

译文 贞观十四年（640年）十月，唐太宗将要到栎阳打猎，县丞刘仁轨因为庄稼还没有收获完毕，不是君主顺天时而行动的时候，到天子所在的地方，上表恳切地劝谏。唐太宗于是停止了打猎，并提拔刘仁轨为新安县令。

评点 『不作无益害有益』、『先知稼穑之艰难』，这些古训都是告诫统治者在施政中应始终坚持惠民利民的原则，防止因为腐化堕落、危害人民而失掉民心，破坏统治的根基。

灾祥第三十九

贞观六年，太宗谓侍臣曰：『朕比见众议以祥瑞为美事，频有表贺庆。如朕本心，但使天下太平，家给人足，虽无祥瑞，亦可比德于尧、舜。若百姓不足，夷狄内侵，纵有芝草遍街衢，凤凰巢苑囿，亦何异于桀、纣？尝闻石勒①时，有郡吏燃连理木，煮白雉肉吃，岂得称为明主耶？又隋文帝深爱祥瑞，遣秘书监王劭著衣冠②，在朝堂对考使焚香，读《皇隋感瑞经》。旧尝见传说此事，实以为可笑。夫为人君，当须至公理天下，以得万姓之欢心。若尧、舜在上，百姓敬之如天地，爱之如父母，动作兴事，人皆乐之，发号施令，人皆悦之，此是大祥瑞也。自此后诸州所有祥瑞，并不用申奏。」

注释 ①石勒：十六国时后赵的建立者，羯族。②衣冠：这里特指礼服。

译文 贞观六年（632年），唐太宗对身边侍从的大臣说：「我近来发现大家议论认为出现吉祥的征兆是好事，频繁有人上表庆贺。根据我的本意，只要使天下太平，家家充裕人人富足，即使没有吉祥的征兆出现，德行也可以比得上尧、舜，如果百姓不富足，夷狄侵入内地，纵使灵芝草满街都是，凤凰把巢筑到御花园里，又与桀、纣有什么不同呢？我曾经听说石勒的时候，有个郡中的官吏烧连理木，煮白雉鸡的肉吃，难道石勒称得上明主吗？还有，隋炀帝非常喜欢出现吉祥的征兆，派秘书监王劭穿着礼服，在朝廷上对各地来京的朝集使焚起香，朗诵《皇隋感瑞经》。原来曾经听到传说这件事，实在觉得可笑。作为君主，应当用至公之道治理天下，以赢得人民的欢心。就像尧、舜居于帝位的时候，百姓敬重他们如同天地一样，爱戴他们如同父母一样，国家有所举措，人民都很乐意，发号施令，人民都很喜悦，这是最大的吉祥征兆。从今以后各州所出现的吉祥征兆，一并不用再上奏。」

评点 《尚书·泰誓上》中说：「惟人，万物之灵。」以神为中心的神权政治思想向以人为中心世俗政治思想转变，这是历史的巨大进步。

贞观八年，陇右山崩，大蛇屡见，山东及江淮多大水。太宗以问侍臣，秘书监虞世南对曰：「春秋时，梁山①崩，晋侯召伯宗而问焉，对曰：『国主山川，故山崩川竭，君为之不举乐，降服乘缦②，祝币③以礼焉。』梁山，晋所主也。晋侯从之，故得无害。汉文帝元年，齐、楚地二十九山同日崩，水大出，令郡国无来献，施惠于天下，远近欢洽，亦不为灾。后汉灵帝时，青蛇见御座；晋惠帝时，大蛇长三百步，见齐地，经市入朝。按蛇宜在草野，而入市朝，所以为怪耳。今蛇见山泽，盖深山大泽必有龙蛇，亦不足怪。又山东之雨，虽则其常，然阴潜④过久，恐有冤狱，宜断省系囚，庶或当天意。且妖⑤不胜德，修德可以销变。」太宗以为然，因遣使者赈恤饥馁⑥，申理⑦冤讼，多所原宥⑧。

注释 ①梁山：吕梁山，春秋时属晋地。②降服：脱去上服以示谢罪。如杜预注《左传·昭公十三年》：「王问犨栎，降服而对」说：「降服，如今解冠也。谢违命。」乘缦：乘坐没有任何装饰的车。③祝币：用缯帛等作为祭品进行祭祀祈祷，是古代帝王祈求免灾的祭祀典礼。④阴潜：阴晦幽暗。⑤妖：反常、怪异的事物。⑥饥馁：饥饿，这里指饥饿的灾民。⑦申理：为受冤屈的人昭雪。⑧原宥：谅情赦罪。

译文 贞观八年（634年），陇右地区发生了山崩，大蛇屡屡出现，山东及江淮地区经常发大水。唐太宗问身边侍从的大臣，秘书监虞世南回答说：『春秋的时候，吕梁山发生了山崩，晋国国君招来大夫伯宗进行咨询，伯宗回答说：「国家的命运取决于境内山川的变化，所以山崩河干，国君因此而不听音乐，脱去上衣乘坐没有文饰的车谢罪，进行用缯帛等做祭品进行祈求免灾的典礼。」吕梁山，是晋国所主祭的大山。晋国国君听从了这个建议，因此没有发生灾祸。汉文帝元年，齐、楚等地的二十九座山同一天发生了山崩，大水汹涌而出，汉文帝下令各个郡国不要再来进献贡品，对天下施行恩惠，远近的人民都很欢乐和洽，也没有发生灾祸。后来汉灵帝时，青蛇出现在皇帝的宝座上；晋惠帝时，大蛇有三百步长，出现在齐地，经过市集而进入朝堂，所以可以称为怪事。如今蛇出现在大泽之中，是因为深山大泽中一定有龙蛇，也不足为怪。另外，山东的大雨，虽然是正常的现象，但阴晦幽暗太久，恐怕是有冤屈的案件，应当仔细审问在押的囚犯，也许可以符合天意。况且怪异压不过德行，修养德行可以消除灾变。」唐太宗认为他说得对，于是派遣使者赈济抚恤灾民，昭雪冤案，很多都被谅情赦罪。

评点 中国古代的灾异谴告之说对于约束封建统治者的行为，防止他们无所忌惮，是具有一定的积极作用的。

贞观八年，有彗星见于南方，长六丈，经百余日乃灭。太宗谓侍臣曰：『天见彗星，由朕之不德，政有亏失，是何妖也？』虞世南对曰：『昔齐景公时彗星见，公问晏子。晏子对曰：「公穿池沼畏不深，起台榭畏不高，行刑罚畏不重，是以天见彗星，为公戒耳！」景公惧而修德，后十六日而星没。陛下若德政不修，虽麟凤数见，终是无益。但使朝无阙政①，百姓安乐，虽有灾变，何损于德？愿陛下勿以功高古人而自矜大，勿以太平渐久而自骄逸，若能终始如一，彗见未足为忧。』太宗曰：『吾之理国，良无景公之过。但朕年十八便为经纶②，王业，北剪刘武周，西平薛举，东擒窦建德、王世充，二十四而天下定，二十九而居大位，四夷降伏，海内乂安。自谓古来英雄拨乱之主无见及者，颇有自矜之意，此吾之过也。上天见变，良为是乎？秦始皇平六国，隋炀帝富有四海，既骄且逸，一朝而败，吾亦何得自骄也？言念于此，不觉惕焉震惧！』魏征进曰：『臣闻自古帝王未有无灾变者，但能修德，灾变自销。陛下因有天变，遂能戒惧，反复思量，深自克责，虽有此变，必不为灾也。』

注释 ①阙政：有缺陷或弊病的政治措施。②经纶：原意为整理丝缕、理出丝绪和编丝成绳，引申为筹划治理国家大事。

译文 贞观八年（634年），有彗星出现在南方，长有六丈，过了一百多天才消失。唐太宗对身边侍从的大臣说：『天空出现了彗星，是因为我没有修养好德行，治理国家有所不足和过失，这个异常现象预示着什么？』虞世南回答说：『从前齐景公的时候有彗星出现，齐景公向晏子咨询。晏子回答说：「您挖掘池沼怕不深，建造台榭怕不高，实施刑罚怕不重，所以天空出现了彗星，对您提出警告啊！」齐景公害怕了而开始修养德行，过了十六天之后彗星消失了。如果陛下不修行德政，即使有麒麟、凤凰屡屡出现，最终也是没有用处的。只要使朝廷施政没有弊端，百姓安居乐业，即使有灾异变化，对德行又有什么损伤呢？希望陛下不要因为功劳高过古人而自高自大，不要因为天下太平已经很久了而自己变得骄奢淫逸，如果能够始终如一，彗星出现也不足以成为让人感到忧虑的事情。』唐太宗说：『我治理国家，的确没有齐景公那样的过错。但我十八岁开始就为了帝王之业而筹划经营，在东方擒获了窦建德和王世充，二十四岁的时候天下平定，二十九岁时登上帝位，四方的民族都归降顺服，海内安定祥和。我自己以为自古以来的英雄和平定乱世的君主还没有发现比得上我的，颇有一些自高自大的感觉，这是我的过错。上天出现反常现象，真是为此吗？秦始皇平定六国，隋炀帝富有四海，既骄横又放纵，不久就失败了，我又有什么可以自我骄傲的呢？话说到这里，不觉大为惶恐惊惧！』魏征进言说：『我听说自古以来的帝王没有从未遇到灾变的，只要能够修养德行，灾变自然消失。陛下因为天上有反常现象，于是能够警惕恐惧，反复思考，深深地自我责备，虽然有这个反常现象，一定不会成为灾祸。』

评点 我国上古文献《尚书·高宗肜日》认为『天既孚命正厥德。』即上天给予命令以端正其德行。从西周时统治者就认为，修养好自己的德行，是取得上天眷顾的重要前提，因此提出了『以德配天』、『修德配命』、『敬德保民』等进步思想。

贞观十一年，大雨，谷水①溢，冲洛城门，入洛阳宫，平地五尺，毁宫寺②十九，所漂③七百余家。太宗谓侍臣曰：『朕之不德，皇天降灾。将由视听弗明，刑罚失度，遂使阴阳舛谬④，雨水乖常。矜物罪己，载怀忧惕。朕又何情独甘滋味？可令尚食⑤断肉料，进蔬食。文武百官各上封事，极言得失。』中书侍郎岑文本上封事曰：

臣闻开拨乱之业，其功既难；守已成之基，其道不易。故居安思危，所以定其业也；有始有卒，所以崇其基也。今虽亿兆乂安，方隅⑥宁谧，既承丧乱之后，又接凋弊之余，户口减损尚多，田畴垦辟犹少。覆焘⑦之恩著矣，而疮痍未复；德教之风被矣，而资产屡空。是以古人譬之种树，年祀⑧绵远，则枝叶扶疏⑨；若种之日浅，根本未固，虽壅之以黑坟⑩，暖之以春日，一人摇之，必致枯槁。今之百姓，颇类于此。常加含养，则日就滋息；暂有征役，则随日凋耗；凋耗既甚，则人不聊生；人不聊生，则怨气充塞；怨气充塞，则离叛之心生矣。故帝舜曰：『可爱非君？可畏非民？』孔安国曰：『人以君为命，故可爱。君失道，人叛之，故可畏。』仲尼曰：『君犹舟也，人犹水也。水所以载舟，亦所以覆舟。』是以古之哲王虽休勿休，日慎一日者，良为此也。

伏惟陛下览古今之事，察安危之机，上以社稷为重，下以亿兆在念。明选举，慎赏罚，进贤才，退不肖。闻过即改，从谏如流。为善在于不疑，出令期于必信。颐神养性⑪，省游畋之娱；去奢从俭，减工役⑫之费。务静方内，而不求辟土；载櫜⑬弓矢，而不忘武备。凡此数者，虽为国之恒道，陛下之所常行，臣之愚昧，惟愿陛下思而不怠，则至道之美与三、五比隆，亿载之祚与天地长久。虽使桑榖为妖⑭，龙蛇作孽，雉雊于鼎耳⑮，石言于晋地⑯，犹当转祸为福，变灾为祥，况雨水之患，阴阳恒理，岂可谓天谴而系圣心哉？臣闻古人有言：『农夫劳而君子养焉，愚者言而智者择焉。』辄陈狂瞽，伏待斧钺。

太宗深纳其言。

注释

①谷水：洛水的支流，出渑池流经洛阳。②宫寺：皇宫和官署。③漂：冲走，冲毁。④舛谬：错乱。⑤尚食：掌管帝王饮食的官署。⑥方隅：四方和四隅，即边疆。⑦覆焘：即『覆帱』，覆被，覆盖，比喻施恩，加惠。⑧年祀：年岁。⑨扶疏：树木枝叶繁茂。⑩壅：在植物根部培土或施肥。黑坟：肥沃的黑土。如《尚书·禹贡》有：『厥土黑坟，厥草惟繇。』毛传曰：『色黑而坟起。』陆德明《释文》引马融曰：『（坟）有膏肥也。』坟：音fén，土质肥沃。⑪颐神养性：保养精神元气。⑫工役：土木工程。⑬载橐：收藏起。橐：音gāo，收藏弓矢、盔甲的袋子，引申为收藏。⑭桑榖为妖：桑榖，两种树木的名字，古人迷信认为桑榖生于朝为不祥。如《尚书·咸有一德》附《〈亡书〉序》有：『伊陟相大戊，亳有祥，桑谷共生于朝。』孔颖达疏曰：『桑谷二木，共生于朝。朝非生木之处，是为不善之征。』⑮雉雊于鼎耳：据《史记·殷本纪》记载：『帝武丁祭成汤，明日，有飞雉登鼎耳而呴，武丁惧。祖己曰：「王勿忧，先修政事。」……武丁修政行德，天下咸驩，殷道复兴。』雊：雉鸣叫。⑯石言于晋地：《左传·昭公八年》记载：『八年春，石言于晋魏榆。晋侯问于师旷曰：「石何故言？」对曰：「石不能言，或冯焉。不然，民听滥也。抑臣又闻之曰：作事不时，怨讟动于民，则有非言之物而言。今宫室崇侈，民力凋尽，怨讟并作，莫保其性。石言，不亦宜乎？」于是晋侯方筑虒祁之宫。』

译文

贞观十一年（637年），天降大雨，谷水溢出，冲坏洛阳城门，进入洛阳宫，平地水深五尺，毁坏宫殿和官署十九处，冲毁民房七百多家。唐太宗对身边侍从的大臣说：『我没有德行，皇天降下灾祸。可能是由于我视听不明，刑罚失度，于是阴阳错乱，雨水违背常情。哀怜百姓责怪自己，心中既忧虑又恐惧。我又怎么能够吃得下美味？应当让为我准备饮食的部门断绝肉食，只进奉蔬菜。文武百官每人上密封的奏章，竭力陈说政事的得失。』中书侍郎岑文本上秘密奏章说：

我听说开创平定乱世的基业，取得成功已经很困难；守住已经成功的基业，做起来更加不容易。因此居安思危，是为了稳定基业；有始有终，是为了加厚根基。如今虽然百姓生活安定，边境平安无事，但现在既是刚刚经过了社会混乱，又承接了隋末延续下来的萧条局面，人口减少还是很多，天地开垦还是很少。所施的恩惠已经很显著了，但战乱的创伤还没有平复；德政教化的风气已经很广博了，但财产还很匮乏。所以古人用种树进行比喻，年岁久远，那么枝叶就繁茂；如果种的时间不长，根本还没有稳固。虽然将肥沃的黑土培在树根，用春日的阳光使其温暖，但有一个人去摇晃它，也一定会导致树木干枯。如今的百姓，与这很相似。一直加以宽待养育，那么就会不断繁衍增加；偶有征发役使，那么就会日渐凋敝损失；凋敝损失一旦严重，那么就会民不聊生；民不聊生，那么就充满怨气；充满怨气，那么就会产生背离叛逆之心。所以帝舜说：『可以爱戴的难道不是国君吗？可以敬畏的难道不是老百姓吗？』孔安国说：『人民把国君当做生命的依靠，所以值得爱戴。君主无道，人民背叛他，所以值得敬畏。』孔子说：『君主就像舟一样，人民就像水一样。水可以承载起舟，也可以倾覆舟。』所以古代圣明的君主即使有值得赞美的地方也不会自夸，一天比一天更谨慎，实在是由于这个原因啊。

希望陛下能多浏览一些古往今来的事迹，考察国家安危的关键，上以社稷为重，下以万民为念。明确人才选拔的制度，谨慎赏罚手段的使用，进用贤良的人才，黜退无才无德之辈。听到别人提出自己的过错马上改正，采纳别人的劝谏如同水流一样顺畅。做好事遵循不犹豫的原则，发号令要追求一定言而有信。保养精神元气，减少出游打猎的娱乐；减少奢侈行为遵循节俭原则，减少土木工程的花费。要追求国内的安定，而不去追求开拓疆土；收藏起弓箭等武器，但不要忘记了武备。以上数条，虽然是治国的一般法则，也是陛下经常实行的，但以微臣的愚昧，还是希望陛下经常思考而不懈怠，那么遵循治国大道的完善程度就可以与三皇五帝比高，亿万年的帝业就可以像天地一样长久。即使桑树和榖树生长异常，龙蛇兴妖作怪，雉鸡在鼎耳上鸣叫，石头在晋国说话，也应当能够变灾祸为福祉，变灾祸为吉祥，况且雨水带来灾害，是阴阳变化的正常情况，怎么能够将它作为上天的谴告而记在您心里呢？我听说古人说过：『农夫劳作而君子保养，愚者进言而智者选择。』妄自陈述愚昧无知之见，卑恭地等待承受刑戮惩戒。

唐太宗深切赞同并采纳了他的建议。

评点 灾异谴告虽然与科学不符合，但却能够为至尊无上的统治者不时提供一些反思自身言行的机会，从而使国家治理过程中不至于偏离正道太远。

慎终第四十

贞观五年，太宗谓侍臣曰：『自古帝王亦不能常化，假令内安，必有外扰。当今远夷率服，百谷丰稔，盗贼不作，内外宁静。此非朕一人之力，实由公等共相匡辅。然安不忘危，治不忘乱，虽知今日无事，亦须思其终始。常得如此，始是可贵也。』魏征对曰：『自古已来，元首股肱不能备具，或时君称圣，臣即不贤，或遇贤臣，即无圣主。今陛下明，所以致治。向若直①有贤臣，而君不思化，亦无所益。天下今虽太平，臣等犹未以为喜，惟愿陛下居安思危，孜孜不怠耳！』

注释 ①向若：假如。直：遇，逢。

译文 贞观五年（631年），唐太宗对身边侍从的大臣说：『自古以来的帝王也不能够永远保持风俗化美的局面，假如内部安定，一定会有来自外部的侵扰。如今远方的民族都来臣服，粮食丰收，盗贼没有出现，内外宁静。这不是我一个人的力量，实在是你们一起匡正辅佐的结果。但是安定的时候不忘记危险，有序的时候不忘记混乱，虽然了解了今天的形势，也应当思考如何始终保持下去。一直这样，才称得上可贵。』魏征回答说：『自古以来，君主和大臣不能同时达到完美，或者当时的君主称得上圣明，但大臣却不是贤良，或者出现了贤良的大臣，却没有圣明的君主。如今陛下圣明，所以能够将国家治理得井井有条。假如碰巧有贤良的大臣，但君主不考虑教化百姓，也没有用处。天下如今虽然太平，我们也还没有认为可喜，希望陛下居安思危，孜孜不倦啊！』

评点 居安思危无论对于个人、家庭，还是国家来说，都是一条重要的准则。

贞观六年，太宗谓侍臣曰：『自古人君为善者，多不能坚守其事。汉高祖，泗上一亭长耳，初能拯危诛暴，以成帝业，然更延十数年，纵逸之败，亦不可保。何以知之？孝惠为嫡嗣①之重，温恭仁孝，而高帝惑于爱姬之子，欲行废立。萧何、韩信功业既高，萧既妄系，韩亦滥黜，自余功臣黥布之辈惧而不安，至于反逆。君臣父子之间悖谬若此，岂非难保之明验也？朕所以不敢恃天下之安，每思危亡以自戒惧，用保其终。』

注释 ①嫡嗣：嫡长子，皇位继承人。

译文 贞观六年（632年），唐太宗对身边侍从的大臣说：『自古以来君主追求善德善行的，大多不能够坚持到底。汉高祖，只不过是泗水岸边的一个亭长罢了，最初的时候能够拯救危难征伐暴虐，因此成就了帝业，然而再过了十几年，放纵欲望导致的失败，也没能将美德保持到最后。怎么得出这个结论呢？汉惠帝居于嫡长子的重要地位，温和、谦恭、仁慈、孝敬，然而汉高祖被所宠爱的姬妾的儿子所迷惑，打算废黜太子并重新立新太子。萧何、韩信功勋业绩已经很高了，萧何被无端囚禁，韩信也被随意贬黜，其余功臣如黥布等人恐惧不安，以至于反叛。君臣父子之间如此背礼荒谬，难道不是善德难以保持的明证吗？我之所以不敢自恃天下安定，经常考虑危险和灭亡而自己谨慎和恐惧，就是为了能够保持到最后。』

评点 有句谚语说：谁笑到最后，谁笑得最好。但能够保持善始善终，的确需要毅力，尤其是对于权力至高无上的封建君主来说，缺乏外在约束，更是一件困难的事情。

贞观九年，太宗谓公卿曰：『朕端拱无为，四夷咸服，岂朕一人之所致？实赖诸公之力耳！当思善始令终，永固鸿业，子子孙孙，递相辅翼。使丰功厚利施于来叶①，令数百年后读我国史，鸿勋茂业粲然②可观，岂惟称隆周、炎汉及建武、永平③故事而已哉！』房玄龄因进曰：『陛下撝挹④之志，推功群下，致理升平，本关圣德，臣下何力之有？惟愿陛下有始有卒，则天下永赖。』太宗又曰：『朕观古先拨乱之主皆年逾四十，惟光武年三十三。但朕年十八便举兵，年二十四定天下，年二十九升为天子，此则武胜于古也。少从戎旅，不暇读书，贞观以来，手不释卷，知风化之本，见政理之源。行之数年，天下大治而风移俗变，子孝臣忠，此又文过于古也。昔周、秦以降，戎狄内侵，今戎狄稽颡⑤，皆为臣妾⑥，此又怀远胜古也。此三者，朕何德以堪之？既有此功业，何得不善始慎终耶！』

注释 ①来叶：后代。②粲然：明白貌，明亮貌。③隆周：强盛的周朝。炎汉：汉代自称以火德王，故称炎汉。建武：这一年号历史上多次被使用，这里指汉光武帝刘秀的年号。永平：汉明帝的年号。④撝抑：谦让，谦逊。⑤稽颡：古代一种跪拜礼，屈膝下拜，以额触地，表示极度的虔诚。⑥臣妾：古时对奴隶的称谓，男曰臣，女曰妾，后泛指统治者所役使的民众和藩属。

译文 贞观九年（635年），唐太宗对公卿说：『我实行无为而治，四方的民族都归服，难道是我一个人做到的

吗？的确是依赖大家之力啊！我们应当考虑善始善终，永远使这伟大的基业稳固，子子孙孙，一代代地相互辅佐帮助。让巨大的功业丰厚的利益延及后代，让几百年后读我朝的历史，巨大的功勋宏大的事业清晰可见，难道还是只称道强盛的周朝、兴亡的汉朝以及汉光武帝、汉明帝时候的往事吗！』房玄龄于是进言说：『陛下内心谦虚，把功劳推给众臣下，国家实现安定有序，本来是与您的德行直接相关，我们出了什么力呢？希望陛下有始有终，那么就会成为天下永远的依靠。』唐太宗又说：『我看古代那些平定乱世的君主都超过四十岁，只有汉光武帝刘秀三十三岁。但我十八岁就起兵，二十四岁平定天下，二十九岁登上天子之位，这是武功胜过古人。我年轻时就在军队中，没有时间读书，贞观年间以来，手不释卷，以明白社会风气教化的根本。发现国家实现有序的根源。这样坚持了几年，天下治理得非常有序并且实现了移风易俗，儿子孝敬臣子忠心，这又是文德胜过古人。秦、汉之后，北方的民族侵入内地，如今北方的民族都诚心臣服，都成为藩属，这又是安抚远方胜过古人。这三个方面，我有什么德行担当？既然有了这样的功业，怎么能够不善始慎终呢！』

评点 从这段对话可以看出，唐太宗虽然口头谦虚，内心中实在是志得意满的。

贞观十二年，太宗谓侍臣曰：『朕读书见前王善事，皆力行而不倦，其所任用公辈数人，诚以为贤。然致理比于三、五之代，犹为不逮，何也？』魏征对曰：『今四夷宾服，天下无事，诚旷古所未有。然自古帝王初即位者，皆欲励精为政，比迹于尧、舜；及其安乐也，则骄奢放逸，莫能终其善。人

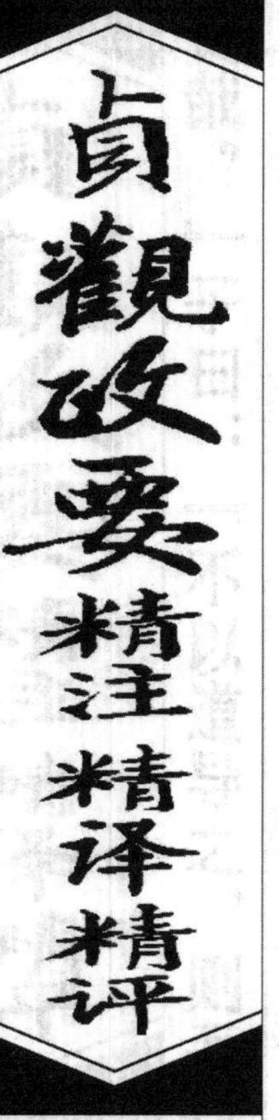

臣初见任用者，皆欲匡主济时，追纵①于稷、契；及其富贵也，则思苟全官爵，莫能尽其忠节。若使君臣常无懈怠，各保其终，则天下无忧不理，自可超迈前古也。』太宗曰：『诚如卿言。』

注释 ①追纵：追随，效法。纵：同『踪』。

译文 贞观十二年（638年），唐太宗对身边侍从的大臣说：『我读书看到前代君主做过的好事，都以他们为榜样力行不倦，所任用的你们这几个人，确实认为都是贤臣。但是国家治理所达到的成就同三皇五帝时代比起来，还是赶不上，为什么呢？』魏征回答说：『如今四方民族归服，天下太平无事，的确是自古所没有的。然而自古以来帝王刚刚登上帝位的，都打算振奋精神治理国家，做出的事可以同尧舜相比；等到享受安乐之后，就骄奢淫逸，不能将他们的善行坚持到最后。做臣子的刚见到任用他的人，都打算匡扶君主有益时局，效法后稷和契；等到富贵之后，则考虑苟且保全官爵，不能使他们忠诚的节操坚持到最后。如果能够使君臣永远都不懈怠，各自保持到最后，那么天下就不用忧愁治理不好了，自然可以超越前人。』唐太宗说：『的确像你说的这样。』

评点 国家治理需要上下同心合力，因此魏征认为君臣都要善始善终。

贞观十三年，魏征恐太宗不能克终俭约，近岁颇好奢纵，上疏谏曰：

臣观自古帝王受图定鼎，皆欲传之万代，贻厥孙谋。故其垂拱岩廊①，布政天下。其语道也，必先淳朴而抑浮华；其论人也，必贵忠良而鄙邪佞；

犬马非其土性不畜，珍禽奇兽弗育于国。』陛下贞观之初，动遵尧、舜，捐金抵璧[8]，反朴还淳。顷年以来，好尚奇异，难得之货，无远不臻，珍玩之作，无时能止。上好奢靡而望下敦朴，未之有也。末作[9]滋兴，而求丰实，其不可得亦已明矣。此其渐不克终五也。

贞观之初，求贤如渴，善人所举，信而任之，取其所长，恒恐不及。近岁以来，由心好恶，或众善举而用之，或一人毁而弃之，或积年任而用之，或一朝疑而远之。夫行有素履，事有成迹，所毁之人，未必可信于所举，积年之行，不应顿失于一朝。君子之怀，蹈仁义而弘大德；小人之性，好谗佞以为身谋。陛下不审察其根源，而轻为之臧否[10]，是使守道者日疏，干求[11]者日进。所以人思苟免，莫能尽力。此其渐不克终六也。

陛下初登大位，高居深视，事惟清静，心无嗜欲，内除毕弋[12]之物，外绝畋猎之源。数载之后，不能固志，虽无十旬之逸[13]，或过三驱之礼。遂使盘游之娱，见讥于百姓，鹰犬之贡，远及于四夷。或时教习[14]之处，道路遥远，侵晨[15]而出，入夜方还。以驰骋为欢，莫虑不虞之变，事之不测，其可救乎？此其渐不克终七也。

孔子曰：『君使臣以礼，臣事君以忠[16]。』然则君之待臣，义不可薄。

陛下初践大位，敬以接下，君恩下流，臣情上达，咸思竭力，心无所隐。顷年以来，多所忽略。或外官充使，奏事入朝，思睹阙庭[17]，将陈所见，欲言则颜色不接，欲请又恩礼不加，间因所短，诘其细过，虽有聪辩之略，莫能申其忠款。而望上下同心，君臣交泰[18]，不亦难乎？此其渐不克终八也。

『傲不可长，欲不可纵，乐不可极，志不可满[19]。』四者，前王所以致福，通贤以为深诫。陛下贞观之初，孜孜不怠，屈己从人，恒若不足。顷年以来，微有矜放，恃功业之大，意蔑前王，负圣智之明，心轻当代，此傲之长也。欲有所为，皆取遂意，纵或抑情从谏，终是不能忘怀，此欲之纵也。志在嬉游，情无厌倦，虽未全妨政事，不复专心治道，此乐将极也。率土乂安，四夷款服，仍远劳士马，问罪遐裔[20]，此志将满也。亲狎者阿旨而不肯言，疏远者畏威而莫敢谏，积而不已，将亏圣德。此其渐不克终九也。

昔陶唐、成汤之时，非无灾患，而称其圣德者，以其有始有终，无为无欲，遇灾则极其忧勤，时安则不骄不逸故也。贞观之初，频年霜旱，畿内户口并就关外，携负老幼，来往数年，曾无一户逃亡、一人怨苦，此诚由识陛下矜育之怀，所以至死无携贰[21]。顷年已来，疲于徭役，关中之人，劳弊尤甚。杂匠之徒，下日[22]悉留和雇；正兵之辈，上番[23]多别驱使。和市[24]之物不绝于乡间，递送之夫相继于道路。既有所弊，易为惊扰，脱㉕因水旱，谷麦不收，恐百姓之心，不能如前日之宁帖。此其渐不克终十也。

臣闻『祸福无门，唯人所召』，『人无衅㉖焉，妖不妄作』。伏惟陛下统天御宇十有三年，道洽寰中，威加海外，年谷丰稔，礼教聿㉗兴，比屋喻于可封㉘，菽粟同于水火。暨乎今岁，天灾流行。炎气致旱，乃远被于郡国；凶丑作孽，忽近起于毂下㉙。夫天何言哉？垂象示诫，斯诚陛下惊惧之辰，忧勤之日也。若见诫而惧，择善而从，同周文之小心，追殷汤之罪己。前王所以致理者，勤而行之；今时所以败德者，思而改之。与物更新，易人视听，则宝祚无疆，普天幸甚，何祸败之有乎？然则社稷安危，国家治乱，在于一人而已。当今太平之基，既崇极天之峻；九仞之积，犹亏一篑之功。千载休期㉚，时难再得，明主可为而不为，微臣所以郁结㉛而长叹者也。

臣诚愚鄙，不达事机，略举所见十条，辄㉜以上闻圣听。伏愿陛下采臣狂瞽之言，参以刍荛之议，冀千虑一得，衮职有补㉝，则死日生年，甘从斧钺。

疏奏，太宗谓征曰：『人臣事主，顺旨甚易，忤情尤难。公作朕耳目股肱，常论思献纳。朕今闻过能改，庶几克终善事。若违此言，更何颜与公相见？

复欲何方以理天下？自得公疏，反复研寻，深觉词强理直，遂列为屏障㉞，朝夕瞻仰。又寻付史司，冀千载之下识君臣之义。』乃赐征黄金十斤，厩马二匹。

注释

①岩廊：高峻的廊庑，借指朝廷。②横流：大水不循道而泛滥，比喻动乱、灾祸。③道路：路上的行人，代指众人。④子贡问理人于孔子：这段对话出自《孔子家语·致思》。⑤民惟邦本，本固邦宁：出自《尚书·五子之歌》。⑥兰芷：兰草与白芷，都是香草。⑦轻亵：轻慢。⑧捐金抵璧：抛弃黄金扔掉玉璧，比喻不看重财物。出自葛洪《抱朴子·安贫》：『上智不贵难得之财，故唐虞捐金而抵璧。』⑨末作：古代指工商业，特指奢侈物品的制作和流通。⑩臧否：品评，褒贬。⑪干求：求取，谋取，多用于功名利禄等。⑫毕弋：毕为捕兽所用之网，弋为射鸟所用的系绳之箭，泛指打猎活动。⑬十旬之逸：《尚书·五子之歌》记载：『太康尸位，以逸豫灭厥德，黎民咸贰，乃盘游无度，畋于有洛之表，十旬弗反。』后以『十旬之逸』代指长时间的游乐。⑭教习：教练，训练。古代常以打猎作为训练军队的手段，这里指狩猎活动。⑮侵晨：接近天亮，拂晓。⑯君使臣以礼，臣事君以忠：出自《论语·八佾》。⑰阙庭：朝廷，代指天子。⑱交泰：出自《周易·泰卦》：『天地交，泰。』指天地之气融通，则万物各遂其生，故谓之泰。后『交泰』引申为君臣之意互相沟通，上下同心。⑲傲不可长，欲不可纵，乐不可极，志不可满：出自《礼记·曲礼上》。⑳遐裔：边远，边远之地。㉑携贰：有贰心。㉒下日：指服役期满之日。㉓上番：轮流执勤。㉔和市：古代指官府按价向民间购买实物，至唐代以后，实际成为强行摊派、掠夺民财民物。㉕脱：假使，万一。㉖衅：过失，罪过，缺陷。㉗聿：语气助词。㉘比屋：家家户户。『比屋可封』比喻教化遍及四海，家家都有德行，堪受旌表。喻：同『愉』。㉙毂下：

辇毂之下，指京城。㉚休期：美好的时期。㉛郁结：指忧思烦闷纠结不解。㉜辄：擅自，专擅。㉝衮职有补：出自《诗经·大雅·烝民》：『衮职有阙，维仲山甫补之。』郑玄笺曰：『衮职者，不敢斥王之言也。王之职有阙辄能补之者，仲山甫也。』衮职：指帝王的职事。㉞屏障：屏风。

译文 贞观十三年（639年），魏征怕唐太宗不能够把俭朴节约保持到最后，近年来非常喜欢奢侈放纵，上疏劝谏说：

我看自古以来的帝王顺应天命建立国家，都打算将其传承万代，以给后代留下顺应天下人心的谋略。所以他们在朝廷上垂衣拱手，对天下进行治理。他们所说的治国之道，一定是重视淳朴而抑制浮华；他们对人进行评价，一定是敬重忠良而鄙视邪佞；他们谈论制度，则是杜绝奢靡而崇尚俭约；他们提到物产，则是看重粮食布帛而轻视奇珍异宝。然而登上帝位之初，都会遵照这些规则并实现社会的稳定有序；国家稍微安定之后，大多都违背了这些规则而败坏了社会风气。这是为什么呢？难道不是因为居于国家至尊，拥有天下财富，说出话来不允许别人违逆，做出事来就让人一定顺从，至公之道被个人私情所淹没，礼义法度被爱好欲望所损伤的缘故吗？有人说：『明白道理并不难，实行起来却困难；实行起来并不难，坚持到底最困难。』这句话说得很对啊。

陛下刚刚二十岁的时候，就大力挽救天下的动乱，平定天下，开创帝业。贞观初年，陛下正当身体强壮，抑制爱好欲望，亲自厉行节俭，国家内外安定，于是实现了大治。论功业则商汤、周武王不足以相提并论，论德行则同尧、舜相差也不远。我自从被选拔为陛下身边的近臣，已经十多年了，每次在朝廷上侍从，屡屡接受英明的旨意。陛下常常赞同仁义之道，要坚决遵循而不偏离；俭朴节约的志向，自始至终不会背弃。一句话可以使国家兴盛，说的就是这种情况。善言还在耳边，难道敢忘记吗？但近年以来，与从前的志向稍稍有些偏离，敦厚朴实的原则，渐渐变得无法保持到最后。谨根据我所听到的情况，陈述于下：

贞观初年，陛下无为无欲，清简的教化，远及偏远荒僻之地。考察今天的情况，这种风气渐渐丧失，听您说话远远超过最圣明的圣人，如果论及您的所作所为则并不比一般的君主高明。为什么这样说呢？汉文帝、晋武帝都不是最圣明的君主，汉文帝拒绝接受千里马，晋武帝烧掉雉鸡头上的羽毛做的裘装。如今您却向千里之外搜求骏马，到国外去求购奇珍异宝，让众人感到奇怪，被外族所轻视，这是渐渐无法保持到最后的第一个表现。

当初子贡向孔子请教如何治理百姓，孔子说：『要谨慎戒惧，就像用腐朽的绳索驾驭六匹马拉的车一样。』子贡说：『为什么要这样恐惧呢？』孔子说：『如果不用道义对老百姓实行引导，老百姓就会成为我的仇敌，怎么会不感到恐惧呢？』所以《尚书》中说：『老百姓是国家的根本，根本稳固国家就安宁。』作为人民的君主，为什么不恭敬谨慎呢？贞观初年，陛下对待人民就像对待伤病者一样体贴，体恤他们勤恳辛劳，爱护人民就如同自己的子女一样，经常心存简约，不进行宫室的建造。近年以来，陛下心中追求奢侈放逸，忽略忘记了谦卑节俭，随意地驱使人民，还说：『老百姓没有事情做就会骄纵安逸，劳累役使他们就容易驱使。』自古以来，没有因为老百姓安逸快乐而导致国家灭亡的，又怎么有反而害怕他们骄纵安逸而故意劳累役使他们的呢？这恐怕不是可以使国家兴旺的高明言论，难道是安定人民的长远打算吗？这是渐渐无法保持到最后的第二个表现。

贞观初年，陛下抑制自己而追求有利于百姓，到了今天，却放纵自己的欲望而劳累人民，谦卑节俭的做法每年都在改变，骄纵奢侈的心理每天都有新变化。虽然忧虑人民的话不绝于口，但使自己身体安乐的事情的确切实地记在心里。

有时打算要进行建造，怕有人劝谏，于是说：『如果不做这件事，我自己感到有所不便。』从做臣子的情感考虑，怎么能够再争论呢？这样说的意图只是为了杜绝劝谏者说话，怎么能说是选择善言而遵照实行呢？这是渐渐无法保持到最后的第三个表现。

为人处事的成败，在于周围环境的熏染，接触香草还是鲍鱼，都会被熏染而与它们具有同样的气味，对于习染要非常谨慎，这个道理不能不思考。贞观初年，陛下努力修养节操，对人没有偏私，只接近有德行的人，亲近喜爱君子，疏远排斥小人。如今则不一样，轻慢小人，礼重君子。重视君子，对他们敬而远之；轻视小人，却亲近地接近他们。接近了就看不到他们的错误，远离了就不了解他们的正确。不了解他们的正确，那么不用离间就会自然疏远；看不到他们的错误，那么有时自己就会主动去亲近他们。亲近小人，不是实现国家治理目标的途径，疏远君子，难道是国家兴旺的道理吗？这是渐渐无法保持到最后的第四个表现。

《尚书》中说：『不做没有用处的事情危害有用的事情，于是能够成功；不因看重奇异的物品而轻视日常的用品，于是人民富足。犬马的本性不适宜本地的自然条件则不豢养，珍禽异兽不要养在国都之中。』贞观初年，陛下行动遵循尧舜之道，抛弃黄金扔掉玉璧，返归素朴回归淳厚。近年以来，您喜欢奇异的东西，难得的物品，无论多远都要寻到，珍奇玩赏物品的制作，没有一刻停止。上面喜欢奢侈浮华而期望下面敦厚淳朴，从来没有这样的事情。奢侈用品的制作流通繁荣，而追求国家富足，无法实现也是很明显的。这是渐渐无法保持到最后的第五个表现。

贞观初年，陛下求贤若渴，珍视别人举荐的人，相信并且任用他们，择取别人的长处，唯恐做得不够。近年以来，您根据内心的好恶，有的因众人称善而任用，可能因一人诋毁而被抛弃，有的连年信任并使用，可能因一旦怀疑而被疏远。

行为有一贯的方式表现，做事有确定的结果，进行诋毁的人，未必比举荐的人更可信，连年以来做的事情，不能突然在一朝而被抹煞。君子的胸怀，是按照仁义的要求行动并弘扬大的德行；小人的性情，是喜欢进谗言和谄媚奸佞以为自己打算。陛下不仔细考察其根源，而轻易地对人物进行评价，这会使遵循道义的人日益疏远，追求功名利禄的人日益被进用。因此人如果考虑苟且使自身免祸，就不能竭尽全力。这是渐渐地无法保持到最后的第六个表现。

陛下刚刚登上帝位的时候，高瞻远瞩，深谋远虑，做事只追求清静简约，心里没有爱好欲望，在宫内清除各种打猎的用具，在外面杜绝打猎的根源。几年之后，就不能够再坚守这个志向，虽然没有太康那样长时间的游乐，但或许也已经超过了三驱的礼节。于是使得游猎的娱乐，被老百姓所讥讽，鹰犬做为贡品，远及四方的民族。有时狩猎的场所，道路遥远，拂晓出去，夜里才能够回来。把纵马驰骋当做欢乐，不考虑可能会出现意想不到的变故，真是出了意想不到的事情，还可以挽救吗？这是渐渐无法保持到最后的第七个表现。

孔子说：『国君根据礼节来使用臣属，臣下用忠诚来事奉国君。』既然这样，那么君主对待臣属，礼义是不能忽视的。陛下刚登上帝位，恭敬地对待臣下，君主的恩德向下流布，臣子的忠心向上传达，都想着能够竭心尽力，心里没有任何隐藏。近年以来，对此却多有忽略。有时外地的官员充当使节，到朝廷上陈奏事情，希望看到天子，将要陈奏自己的意见，想要说话您不能和颜悦色对待，想有所请求您又不能施以恩惠和礼遇，或许因为他们的不足，责备他们细微的过错，虽然有高明有见识的谋略，也不能表达他们的忠心。这样期望上下同心，君臣和谐，不是很困难吗？这是渐渐无法保持到最后的第八个表现。

『骄傲不能产生，欲望不能放纵，欢乐不能无度，心志不能自满。』这四条，前代的君王用它赢得福祉，通达贤能的人将其作为深刻的警诫。贞观初年，陛下孜孜不倦，委屈自己顺从人民，常常像做的还不够一样。近年以来，稍微有些骄傲放纵，自恃功劳业绩很大，心里蔑视前代的帝王，自负智识高明，心里轻视同时代的人，这是骄傲产生了。打算做事情，都取决于是不是符合自己的意愿，即使有时抑制自己的情感接受劝谏，终究不能忘怀，这是欲望放纵了。内心追求娱乐游玩，心情从来没有厌倦，虽然没有完全妨碍政事的处理，也不能够再专心思考国家治理之道，这是欢乐将要无度。国内安定，四方臣服，仍然不顾路途遥远使人马困乏劳累，到边远之地去兴师问罪，这是心志将要自满。亲近的人顺从旨意而不肯说，疏远的人畏惧威严而不敢进谏，不断累积，将要损害陛下的德行。这是渐渐无法保持到最后的第九个表现。

从前唐尧、商汤的时候，国家不是没有灾害，而后人称他们有至高无上的德行，是因为他们善始善终，无为无欲，遇到灾害就极端忧心并勤奋处理，社会安定则不骄纵不放逸的原因。贞观初年，连年霜灾和旱灾，京城近郊的人口全都去了关外，扶老携幼，来来往往多年，没有一户逃亡、一人有怨言，这实在是因他们意识到陛下哀怜爱护的心情，所以到死也没有产生贰心。近年以来，人民疲于徭役，关中人民，劳苦困顿尤其严重。各种工匠，服役期满之后都被留下了由官府雇用，正在服役的士兵，轮流执勤之外大多还另有使用。强行摊派在乡里之间接连不断，从事运输的劳动力在道路上绵延不绝。老百姓已经产生了困顿，就容易被惊扰，万一由于水旱灾害，粮食没有收成，恐怕老百姓的心里，不会再像以前一样安宁稳定。这是渐渐无法保持到最后的第十个表现。

我听说『福祸没有定数，是人自己招致』，『人如果没有过失，灾异不会随意发生』。陛下统治天下已经十三年了，道义遍及全国，威严施与海外，年年粮食丰收，礼义教化繁荣，家家户户因堪受旌表而愉悦，人民因大豆、小米像水火一

样充足而慷慨。到了今年，天灾流行，天气炎热导致干旱，波及全国各个地区；凶顽丑恶之人为非作歹，忽然在近如京城之处发生。天如何说话呢？通过垂示征兆展示告诫，这的确是陛下应当惊慌恐惧的时候，应当忧虑勤奋的日子了。如果看到告诫而恐惧，选择善言而遵从，就可以和周文王小心谨慎相同，可以赶得上商汤责罚自己，前代君王用以实现天下安定有序的方法，勤勉地实行；如今可能导致社会风气败坏的做法，思考并改正。根据事物的变化适时革新，改变人民的看法和说法，那么就能够使国家的基业永远延续，天下百姓感到万分幸运，怎么会产生祸乱和败亡呢？这样看来，社稷的安定还是危险，国家的有序还是混乱，系于一个人身上。如今太平的基业，已经达到了像天一般高；九仞的积累，就差一筐土的工作。千载难逢的好时候，时机难以再次遇到，圣明的君主可以做而没有去做，这是我所忧烦纠结于心并长叹的。

我的确愚昧鄙陋，不通达事情的枢要，简要地陈述所见到的十条，擅自将其陈奏上去希望让圣上听到。希望陛下采纳臣下狂妄盲目的建议，参考鄙陋之人的议论，希望能够千虑一得，对帝王的职事有所补益，那么我虽死犹生，甘愿接受刑罚处置。

奏疏陈奏上去，唐太宗对魏征说：『臣子事奉君主，顺应旨意非常容易，违逆心意特别困难。你作为我的耳目膀臂，经常陈述自己的思考进献上来供采纳。我如今听到自己有过错就能够改正，希望将善德善行坚持到底。如果违背了今天这些话，还有什么颜面与你相见？又将用什么办法来治理天下？自从得到你的奏疏，反复研读思考，深深觉得言语有力道理正确，于是写在屏风上，朝夕恭敬地瞻览。接着又交给史官，希望千年之后能了解君臣之间的处事准则。』于是赐给魏征黄金十斤，御马两匹。

评点 魏征的《十渐不克终疏》作为历史上的名篇，的确是任何时代握有一定权力者应当认真体会的。

贞观十四年，太宗谓侍臣曰：『平定天下，朕虽有其事，守之失图①，功业亦复难保。秦始皇初亦平六国，据有四海，及末年不能善守，实可为诫。公等宜念公忘私，则荣名高位，可以克终其美。』魏征对曰：『臣闻之，战胜易，守胜难。陛下深思远虑，安不忘危，功业既彰，德教复洽，恒以此为政，宗社无由倾败矣。』

注释 ①失图：失去主意。

译文 贞观十四年（640年），唐太宗对身边侍从的大臣说：『平定天下，我虽然做到了这件事，但守天下如果失去主意，功劳业绩也难以保持下去。秦始皇刚平定六国的时候，占有了四海，等到晚年的时候不能很好地守住，的确可以作为戒鉴。你们也应当记住公事忘掉私情，那么荣耀的名声高贵的地位，可以保持善始善终的完美。』魏征回答说：『我听说，战胜敌人容易，守住胜利果实困难。陛下深思远虑，安定的时候不忘记危险，功劳业绩已经彰显，德行教化又广博周遍，坚持用这样的做法治理国家，国家就不可能产生倾覆失败的原因了。』

评点 勤谨谦下是成功的基础，而傲慢怠惰则是失败的征兆。一个人想永远立于不败之地，就一刻也不能放松自己，不论以前取得了多大的成就。

贞观十六年，太宗问魏征曰：『观近古帝王，有传位十代者，有一代两代者，亦有身得身失者。朕所以常怀忧惧，或恐抚养生民不得其所，或恐心生骄逸，喜怒过度。然不自知，卿可为朕言之，当以为楷则。』征对曰：『嗜欲喜怒之情，贤愚皆同。贤者能节之，不使过度，愚者纵之，多至失所。陛下圣德玄远，居安思危，伏愿陛下常能自制，以保克终之美，则万代永赖。』

译文 贞观十六年（642年），唐太宗问魏征：『看近古时代的帝王，有传承帝位十代的，有一代两代的，也有自己取得天下自己又失去的。我之所以经常心怀忧虑恐惧，或者是害怕抚慰养育人民不能达到目的，或者害怕会心生骄纵安逸，喜怒和愤怒超过限度。然而我自己却无法觉察出来，你可以为我说说，我将把你的话当成法则。』魏征回答说：『爱好、欲望、喜悦、愤怒等感情，贤明的人和愚钝的人都同样具有。贤明的人能够对情感进行节制，不使其超过限度，愚钝的人放纵感情，经常导致行为失当。陛下圣明的德性玄妙高远，能够居安思危，希望陛下能够始终自我节制，以保持善始善终的完美，那么万代都将永远以您为依靠。』

评点 只有始终克制欲望、谨慎谦恭，善始善终才有可能。